大师的智慧

袁家骝 吴健雄

蒋晔 著

河北出版传媒集团
河北人民出版社

图书在版编目（CIP）数据

袁家骝　吴健雄／蒋晔著．—石家庄：河北人民出版社，2013.5
（大师的智慧）
ISBN 978-7-202-07601-9

Ⅰ．①袁…　Ⅱ．①蒋…　Ⅲ．①袁家骝(1912～2003)-生平事迹　②吴健雄(1912～1997)-生平事迹
Ⅳ．①K837.126.11

中国版本图书馆 CIP 数据核字（2013）第 063290 号

丛 书 名　大师的智慧
书　　名　**袁家骝　吴健雄**
著　　者　蒋　晔

责任编辑　贺秀红
美术编辑　李　欣
封面设计　艺凡设计工作室
责任校对　余尚敏

出版发行　河北出版传媒集团　河北人民出版社
（石家庄市友谊北大街 330 号）
印　　刷　河北新华联合印刷有限公司
开　　本　880 毫米×1230 毫米　1/32
印　　张　4.875
字　　数　76 000
版　　次　2013 年 5 月第 1 版　2013 年 5 月第 1 次印刷
书　　号　ISBN 978-7-202-07601-9/K·1068
定　　价　15.00 元

出版说明

二十世纪是中华民族波澜壮阔、生死存续、浴火重生的世纪。本世纪的初始，就是《辛丑条约》的签订，清政府向列强出卖主权，赔款白银九亿八千万两，神州大地被列强豆剖瓜分，上海黄浦公园的门口竖起“华人与狗不得入内”的牌子，亡国灭种的威胁摆在每一个中国人的面前。

“尧之都，舜之壤，禹之封。于中应有，一个半个耻臣戎。”（陈亮语）富有自强不息传统的中国人从鸦片战争就开始了救亡图存的不懈奋斗。经过一百多年、成千上万人的流血牺牲，终于在1949年迎来了新中国的成立。

“千秋耻，终已雪。中兴业，待人杰。”（冯友兰语）从那时到现在，华夏儿女又开始了民族复兴的伟业。虽然历经反右派、三年大饥荒、十年内乱的曲折，在上世纪八十年代初进入了改革开放的伟大时代，中华民族开始跨越发展，迅速崛起，在21世纪初成为综合国力强盛的大国、强国，国际地位空前提高，国家影响日益扩大。

一百年来，从南方到北国，从大陆到海外，东西南北中，工农商学兵，各行各业，涌现了成百上千的名家大师，他们以各自的智慧为民族的解放，国家的强盛，人民的幸福做出了巨大的贡献。回顾他们的人生，汲取他们的智慧是一项极有意义的工作。

蒋晔先生是我国著名的专栏作家、学者、文化策划人。他从1994年开始采访中国现代文化名人，迄今已采访了三百余人，积累了许多宝贵的资料，出版了数种文化名人访谈录，在文化界和读者中产生了相当的影响。

我社与蒋先生的合作始于2007年的《我的心是一面镜子》一书。2008年合作推出《文化名人人生智慧丛书》，受到了文化界和读者热烈欢迎。从本辑起，为简洁易记更名“大师的智慧”。本丛书的特点是“小故事，大智慧”，通过大师的精彩故事，阐发他们的人生智慧，给读者以启迪。该丛书每辑十册，介绍十位大师，敬请读者留意。

河北人民出版社

2012年7月

序言　五十知天命

本丛书能够得以和读者见面，不能不提到李世琦兄。世琦兄是我北京师范大学历史系的老同学，他因知我、又知河北人民出版社，所以，在他的努力下，开辟了《文化名人人生智慧丛书》这一图书系列。正如他的预测，该丛书已出版的10册，得到大家的厚爱，竟连续获奖，精神文明、物质文明双丰收。这都是我兄世琦的功劳！

这套丛书引起了同在河北人民出版社工作的贺秀红女士的高度关注，在世琦兄引荐下，我得以幸会小贺。多次交流，使我深知小贺热爱此丛书之原因，她心目中所追求的那种生活状态，正需要大师的智慧所指引，她要在编辑此丛书的过程中，升华自己的觉悟，并把大师的智慧，去利益众生。

更让我感动的是，在世琦兄和小贺共同努力下，出版社的诸位高层领导，均大力支持这个《大师的智慧》丛书，希望在更高层面上进行策划、设计与出版，并作出重要批示。这一情景，使我在今年知天命之年到来之时，更加明白了“天命”两字的深刻含义。

“人的命，天注定”、“天命不可违”，是两句一俗一雅的古语，是中华民族文化中非常重要的一个思想。何谓“天命”？规律也。

我从1994年开始访问中华文化名人，至今已近20年。从当年的全国非常少见的、带有系列性的、在报纸发表的“独”家访谈，到现在的各家报社、杂志、电视、网络，都特别重视“大师的智慧”，此乃“天命”也。众人需要智慧，时代需要智慧。人类失去智慧，世界将会怎样？肯定是毁灭。作为一个人，在社会上生活，如果没有一点人生智慧，你肯定到处碰壁，一事无成。为了人生的幸福，去寻找智慧吧！大智慧，便是“知天命”。

“知天命”，就是知“天人合一”的关系。在“天人”之间，真正理解：人法地，地法天，天法道，道法自然的规律。人在大自然这个世界、宇宙里，最根本的是要“顺其自然”，而不可能“人定胜天”。“人定胜天”是小聪明，而不是大智慧。

在大自然里，矿物、植物、动物，千奇百怪，丰富多彩。在动物中，人又是其中之一，形形色色，各种各样。这一切都是大自然的造化，你想把这种造化，搞一次“同化”，那是不可能的，这种要“同化”的思维、行动，其方向就是错误的，下再大的力气，也是无用功。理解了“顺其自然”，便会敬畏大自然，便会尊重生物的多样性，尊重世界的多元化，尊重文化上的差异，以“兼和”为哲学基础，去为人类造福。

“兼和”者，兼容众异、得其平衡。对“众异”进行“兼容”，其目的是达到一种“平衡”状态。当代著名哲学家张岱年先生，用毕生精力所总结出来的“兼和”思想，在将来日益显耀。我通过他的弟子、清华大学教授刘鄂培先生，才知其如此重要，便写入了2008年北京奥运会“中国印”摩崖石刻的碑文之中，被国家所确认。“知天命”者，“兼和”也。

“天命不可违”，即是：“兼和不可违”。“人的命，天注定”，即是：“人的命，兼和来注定”。你拥有多少“兼和”思想，你的“命”就“注定”了多少。

我近20年所访问的文化大家，其智慧，可用很多精彩的语言来表达，但归根结底是两个字：“兼和”。这便是大道至简。

蒋　晔

写于北京颐和山庄紫霄园

目　录

大师的智慧

袁家骝、吴健雄：龙凤呈祥的物理学家

1997年2月18日，一位朋友告诉我："吴健雄教授前天在美国去世了。"听到这个消息，我的心里猛地袭来一阵悲哀之情。1996年9月，我到美国考察，曾专程到她府上拜访。吴教授因为中风已久，疾病缠身，晚上总是失眠，只有到凌晨万籁俱寂时，她才能进入睡眠状态。长久的失眠，长久的失去工作乐趣，使吴教授陷入了万分痛苦之中……

吴教授的丈夫、世界著名物理学家袁家骝先生，向我谈起这一情形时，一脸的愁绪，无限的怜爱。他太爱他的妻子了。从1936年在美国西海岸的萍水相逢，到1942年的洞房花烛夜；从参与世界第一颗原子弹的研制，到"宇称不守恒定律"的全球轰动；从美国哥伦比亚大学、哈佛大学的讲坛，到中国南京大学、北京大学的学术报告会；从美国总统福特的颁奖，到周恩来、邓小平和江泽民三代领导人的亲切接见……袁家骝和吴健雄心心相印地走过了漫长、辉煌的人生路。

1997年4月8日的《人民日报》刊登了一条新华社消息：“一代女杰魂归故里。世界著名实验物理学家、中国科学院外籍院士、美国哥伦比亚大学美籍华裔教授吴健雄女士的骨灰，于昨晚运抵她的故乡江苏省太仓市浏河镇，安放在吴教授生前就读过的母校明德学校的明德楼里。”这正是吴教授最终的遗愿。24岁离家去国、跨过太平洋的她，终于跨过太平洋向东方飞来。她终于回归于母亲的怀抱，再也不漂泊四方了！再也不惆怅无主了！叶落归根，魂兮归来！太仓——浏河——明德楼，这不正是她灵魂的安息地吗？想到这里，我的心一下子飞过太平洋，来到吴健雄教授生前居住过的那幢公寓。在她的客厅里，在她的书房里，袁家骝教授正和我这个晚辈纵论天下古今事……

一、中国心

1996年9月10日上午，我在朋友刘一林先生的陪同下，按照约定的时间，前往美国的哥伦比亚大学。在一座教授公寓里，我们按响了门铃。门开处，只见温厚、慈祥的袁家骝教授，穿一身黑色带花的睡袍，微微笑着，用非常标准的汉语，欢迎来自河南家乡的客人。

我们穿过走廊，来到客厅，只见走廊四壁、客厅四壁全是书，全是画。那书架上装帧考究、印刷精美的中、英文书籍，那四壁悬挂的赵佶、仇英、张大千、徐悲鸿、吴作人、萧淑芳、张大壮、董作宾、朱屺瞻等名家的稀世珍品，那中国式的地毯、雕花的家具，以及那梅、兰、竹、菊的安徽铁画，都在告诉我：袁家骝夫妇依旧不改那颗中国心。他们夫妇离开祖国，屈指算来已经60多年了。离离乡愁，与日俱增。如何才能缓解那心头上的漂泊感、失落感呢？惟有在异国的土地上，精心营造一个具有中国文化氛围的家庭。

一束束阳光透过洁白的窗帘，无声地洒在黄色、白色、咖啡色的家具上，洒在客厅右侧那几株绿色植物上。绿色中间，几条鲜红的绸带在轻轻飘动着，绸带上的汉字十分醒目：“贺科学家袁家骝、吴健雄教授康复”。

袁家骝高兴地说：“这些全是朋友们送的，他们都很关心我们。我和健雄前一段时间病得不轻，现在刚刚好了一些。我恢复得不错，健雄还不行。中风病把她折磨坏了，她晚上常常失眠，很晚很晚才能入睡。现在已是上午9点多钟，她还在睡着。不便打扰她，咱们先谈吧！”

我说：“好吧，让吴老师好好休息。见到了您，就等于见到了吴老师。”

在书房里，我问袁教授："您见过您爷爷袁世凯吗？"袁家骝说："见过，但我那时候太小，没有什么印象。先祖父1916年去世，那时我才4岁。我是1912年在北京出生的。我的父亲是先祖父的第二个儿子，名叫袁克文。大伯父叫袁克定，大伯父的儿子袁家融比我大几岁，是我们家的嫡长孙。前几年我回国访问，还见到了他。"

"你们袁家好像都是按照辈分来取名字。上一代人都是'克'字辈，您这一代都是'家'字辈。"

袁家骝说："是这样，我们袁氏家族的家谱，是按'保世克家，企文绍武'的顺序排列的，'保'字辈是先祖父的父亲那一辈；'世'字辈是先祖父那一辈；'克'字辈是我父亲那一辈；而'家'字辈，就是我们这一辈了。我们这一辈有50人左右，主要居住在天津、广州、上海、香港，台湾也有。"

"您是哪一年到美国留学的？"

"1936年，那年我24岁。我13岁离开老家安阳，到天津就读于新学书院。我学习很用功，所以常常跳级。后来考上了燕京大学物理系。毕业后又读了两年研究生。再后来就到我叔叔袁克恒开办的开滦煤矿工作。这个开滦煤矿的第一任董事长就是我大伯父袁克定，后来叔叔袁克恒接任了这个职务。我叔叔参与创办的产业很多，有启新洋灰公司、江南水泥公司、北京琉璃水泥厂、江南辰溪水泥厂、秦皇岛耀华玻璃厂，还有上海、唐山、河南卫辉的纱厂。我大学毕业后就到开滦煤矿实习。不久，司徒雷登先生为我办理了赴美留学的奖学金。就这样，我来到美国。刚到美国的时候，我口袋里只装着25美元。我到美国的前几年，都是靠奖学金来维持学习和生活的。”

“袁先生，很少有女性涉足物理学这个枯燥、艰深的领域，为什么吴健雄教授和您一样，终身不渝地献身物理学研究事业？”

袁家骝讲：“这与她的家庭教育有很大的关系。健雄和我是同年生人，她老家在江苏省太仓市。她父亲是个很有学问、很有见识的人，在当地很有名望。她的父母还在浏河镇办了一所明德学校，培养了不少人才，健雄从小就在这所学校念书。她11岁的时候就到苏州上了女师，在这里开始接触数学、物理等学科，开始知道了居里夫人和爱因斯坦。健雄的父母为她买了不少自然科学方面的书。所以，健雄爱上物理学研究与她的家庭教育有很大关系。”

吴健雄曾在回忆这段生活时说：“当时我是真心实意做学问，把青春年华都忘记了。”

的确如此，自苏州女师毕业后，在中央大学（现南京大学）读书时的吴健雄，正是妙龄少女，风华正茂。由于她才学出众，端庄清秀，很多男同学都对她倾慕不已。此时的吴健雄对花前月下、卿卿我我没有兴趣，一门心思扑在学业上，坚定不移地选择了一条通往科学的道路。1936年8月，吴健雄告别了她的父母，告别了她熟悉的江南风光，远赴美国留学。她最初的想法，只是到美国学习几年后就返回祖国。可是她万万没有想到，这一去竟和亲爱的父母成了永诀，她再也没有见到自己的生身父母。

袁家骝回忆道：“就这样，我们在1936年分别离开了

青年时代的吴健雄。

自己的家园。我和健雄是在美国才相识的。没有想到啊！一别祖国几十年！那种思念祖国、思念亲人的乡愁，是局外人根本无法体味的。”

二、金色婚姻

1936年，分别告别自己亲人的袁家骝和吴健雄，在美国的西海岸相逢了。从相识到相爱，从相爱到结婚，历时6个年头，到30岁那年，他们才想到结婚。他们不仅是一对幸福的人生伴侣，更是成就辉煌的科技双星。

19世纪末、20世纪初，法国诞生了著名物理学家居里和居里夫人。在20世纪的今天，科学界又诞生了袁家骝和吴健雄。他们同年出生，同年到达美国，同年获得博士学位。1992年5月，他们回国参加南京大学90周年庆典。这一年，他们80岁；这一年、这一月，也正好是他们结婚50周年的金婚之时。90周年校庆、80岁生日、50周年金婚纪念，这三个大喜的日子重叠在一起。

南京大学专门为袁家骝、吴健雄举办了祝寿、贺金婚活动。紧接着，在吴健雄的家乡太仓市浏河镇，故乡的父老乡亲又专门为两位物理学家准备了盛大的祝寿、贺金婚庆典。太仓市特意选择了吴健雄父亲在80年前创办的明德学校作为会场，学校的师生和来自美国、香港、台湾、深圳等地的各界朋友500多人，参加了这次隆重的庆贺活动。在这次活动中，上海大学艺术学院教授章永浩先生还向袁家骝夫妇赠送了精心创作的两尊青铜雕像。谈到青铜雕像，谈到金婚之年的回国之旅，袁家骝沉浸在幸福的回忆之中。

我问袁家骝先生："您和吴教授是在什么情况下认识的？"

他说道："我们都是1936年到达美国的。我比健雄早来一个月。那年的8月，她来到美国的旧金山。她计划要进的学校是美国密歇根大学，离9月份开学还有一段时间，加之顺路，她就来到加州大学，想会一会中央大学的校友。中央大学当时在加州留学的人很多。中国留学生俱乐部派我做导游，我陪健雄参观了很多地方，还参观了实验室。我们彼此都感觉很好，但是没有任何恋爱的意思。刚认识嘛！谈起恋爱，那是以后的事了。我在陪健雄参观的时候，她看到校园东南角有一座简朴的房屋，门紧闭着，看上去像仓库什么的。健雄问这是什么地方，我说：'这是Rediation Lanolaforr（放射实验室），这是厄内斯特·劳伦斯的研究室。'

健雄听到是劳伦斯的研究室，惊喜地喊出声来。因为她在中央大学读书的时候，就知道劳伦斯这个诺贝尔奖获得者的大名。她实在没有想到，这位著名的物理学家就在加州大学，就在伯克利市。这是吸引健雄留在加州大学深造的关键因素。如果健雄当时不愿留在加州大学，而是按照原定计划到密歇根大学去读书，我们也就没有了以后的相爱。”

劳伦斯是世界著名的物理学家，他31岁的时候就发明了回旋加速器。吴健雄请求袁家骝，能否带她去拜访一下劳伦斯先生，她希望留在加州大学学习。劳伦斯当时正在实验室做实验，一连3天都没有出来。后来，袁家骝陪着吴健雄，终于在物理系办公室见到了劳伦斯先生。听完吴健雄渴望留在加州大学的想法，劳伦斯说：“密司吴，你为什么不选择艺术和音乐，而偏要跟我学习物理呢？你应当知道，核物理是科学领域中最抽象、最复杂的科学之一。”

吴健雄非常明白劳伦斯先生的意思，他是担心一个女孩子很难攀登核物理的高峰。她说：“尊敬的劳伦斯教授，事实上，近代音乐不也是最复杂、最抽象的艺术之一吗？这并不妨碍那些外行人从中得到一些美的享受。至少他们第一次接触时，不会把它当做莫名其妙的吵闹而拒绝欣赏。”劳伦斯为这位中国姑娘的独特回答而惊异，于是就和吴健雄、袁家骝无拘无束地畅谈起来。就这样，吴健雄成为放射实验室的一名成员。

吴健雄认为，这一步的选择极为重要。她在一次报告会上说："本来，我是打算到密歇根大学念书的，可是到加州大学参观后就不想去了。这是一个非常重要的选择。也就是从那个时候开始，加州大学物理系在理论和实验方面，一步一步地往前走，成为世界核物理的领袖。"

袁家骝教授告诉我："健雄留在加州大学以后，我们两个人没有太多的来往，大家都埋头读书、搞研究，很少有时间碰面。后来，有了一点休息的时间，我们才聚在一起聊聊天，也没有想到谈什么恋爱。时间长了，交往的次数多了，彼此的了解日益加深了，我们才谈出了心里话。恋爱对我们来说，似乎是很自然的事。那时候，我们都一头扎在实验室里，下苦功夫搞研究。所以，到了1940年，我们都顺利地拿到了博士学位。"

"你们是在1942年5月30日结婚的，为什么选择这一天作为良辰吉日？"

袁家骝说："这一天是礼拜天，不耽误工作。另外，这又是健雄生日的前一天。第二天，我们又忙起了工作。"

"当时结婚的情形，您还记得吗？"

袁家骝兴奋地说："怎么不记得？我们举行婚礼的地

方是加州大学理工学院院长罗伯特·密立根先生的花园。密立根夫妇就是我们的主婚人。密立根先生是美国第一位诺贝尔物理学奖得主。他为了祝贺我们的大喜日子特意举办了聚餐会，用香槟酒来祝福我们。他当时讲了这么一句话，使我们终生不忘：'我送你们的礼物是一句赠言：愿你们在今后的岁月里，实验第一，生活第二。'这句赠言，成了我和健雄的座右铭。

那一天，闻讯赶来参加我们婚礼的中国留学生有卢嘉锡、钱学森、顾功序、张文裕、毕德显和林家翘等。那天晚上特别热闹，我们尽情地玩到很晚、很晚。卢嘉锡主持

1942年袁家骝、吴健雄在美国结婚。

了当晚的聚会，他当时是中国留学生俱乐部主任。”

那天晚会的情形，在一篇研究吴健雄生平的文章中是这样描述的：

晚会开始，卢嘉锡忽然收敛起笑容，像个牧师似的望着袁家骝问道：“你爱她吗？”袁家骝不知所措，迟迟没有回答。

“我宣布，今天，你们必须遵照我的旨意行事。否则，别——想——散——会。”卢嘉锡故意把语气拖得长长的，做出一副等待样。

袁家骝，只好红着脸说：“我爱她。”

卢嘉锡又转向吴健雄，依然不动声色地问道：“你爱他吗？”

“我爱他！”想不到吴健雄十分爽快地回答。卢嘉锡为自己的表演成功朗声大笑。

“下面一个节目，吃糖。”

吴健雄赶紧摸了一块巧克力，塞进嘴里。

“不行不行，两人分吃一块，有福同享。”卢嘉锡大声说。

“嘉锡，你专门会捉弄人，真拿你没办法。”吴健雄终于折服了。

我问袁先生：“现在，你们和卢嘉锡、钱学森这些老同学还有来往没有？”

袁家骝说：“有啊！我们常在国际性的会议上见面。1973年，我和健雄第一次回国时，就是卢嘉锡在上海迎接我们的。后来，周恩来总理在北京会见我们，钱学森也在场。我们多次回国，常常和他们见面。”

“袁教授，您有几个孩子？”

“只有一个儿子，他是1947年出生的，今年也49岁了。他和我们一样，也是学习核物理的，是个博士。我们的儿媳是个美国人。儿子从小在美国长大，对中国情况了解很少。小的时候，我们很注意他的汉语学习，但是学不成，因为没有汉语学习环境。1977年，我们曾带着儿子、儿媳回国考察，见了不少熟人，还参观游览了长城，就是想让儿子增加对祖国的了解。”

“吴老师是物理学界的女强人，她整天埋头于实验室里，家里的事情很少顾及，您对这样的妻子满意吗？”

“没有什么不满意的。我们俩都是这样，把事业看得高于一切。实验是第一的，生活是第二的。几十年来，我们都是夜以继日地工作，经常不在一起，她在她的实验室，我在我的实验室。还有一段时间，她是星期一去另外一个城市搞研究，星期六才能回到家。还有的时候，她常常是半个月，甚至一个月才能回家一次。这样的生活，我们都习惯了，也没有感到有什么不方便的。”

说到这里，袁教授还十分风趣地说：“这下，可没有时间吵架、打架了。1980年我们退休之后，才有机会到世界各地走走。我们的蜜月不是在结婚时度过的，而恰恰是在退休之后才真正开始的。”

三、奇妙的现象

在世界科学技术发展史上，夫妻都是物理学家、均对世界物理学做出贡献的现象极为罕见。

1936年，口袋里只有25美元、年仅24岁的袁家骝，来到美国加利福尼亚州，在加州大学进修高能物理，一年后转到加州理工大学继续从事物理研究工作。四年寒窗，学业有成。1940年，他终于获得了高能物理学博士学位。接着，他在普林斯顿大学为美国政府开展国防研究工作。1942年，袁家骝到纽约长岛国家研究所工作，后来又任日内瓦西欧核物理研究所研究员、意大利罗马大学高能物理研究所研究员。他经常奔波于世界各地，参加国际性的学术研讨会，经常参加纽约的自然科学家的社会活动。作为国际知名的物理学家，袁家骝在世界许多科研机构和大学，都有合作研究的课题。

袁家骝更关注祖国科学事业的发展。自1973年以来，他和夫人多次回国访问、讲学、考察，受到了党和国家领导人的接见。他提出的很多好的建议已经在实施之中，国内有许多科学研究机构和大学，都聘请他为客座教授。近年，他又为我们国家的同步辐射耸立于世界做出了重要贡献。袁家骝教授在高能物理、高能加速器、粒子探测系统、宇宙线、无线电定向、频率调制和雷达系统等项研究上，为世界物理学做出了巨大的贡献。

吴健雄是一位实验物理学家。早在40年代，她就参与了世界第一颗原子弹的研制工作。这项最为机密的计划被美国总统命名为“曼哈顿工程”。主持这项机密工程的美国科学家奥本海默是世界“原子弹之父”，他非常欣赏吴健雄的才华，吸纳她直接参与了第一颗原子弹的研制工作。机密程度如此之高的“曼哈顿工程”，能允许一个刚刚来到美国的中国人参加，足见吴健雄的非凡才学。

研究吴健雄的专家方延明是这样评价她的贡献的：“‘曼哈顿工程’遇到了困难，特别是在最初的汉佛原子炉制造中，正常的连锁反应在几个小时之内莫名其妙地消失了，所有专家对此束手无策。后来，塞格雷教授建议求教于吴健雄，这一问题才得到了解决。原来，吴健雄早在她的毕业论文中就对原子核分裂时产生的‘有气体’进行过详细研究，指出是这种‘有气体’毒杀了连锁反应。据此，研制组制成了‘解毒剂’。”

鉴于吴健雄在世界第一颗原子弹的研制过程中表现出来的才能，世界知名的哥伦比亚大学破格接纳她为编内一员，并在1952年提升她为副教授。

吴健雄真正称雄于物理界，并不是靠参与研制了原子弹，而是在那1956年和1957年之交的寒冷季节里，在西方世界普天同庆圣诞节的狂欢声中，她和她的科研攻关小组一举打破了“宇称守恒定律”，从而使我们华人在诺贝尔物理学奖方面扬眉吐气了一次：大胆提出“宇称不守恒定律”的李政道、杨振宁，因吴健雄的成功实验，而荣获了1958年的诺贝尔物理学奖。

“守恒定律”是物理学的基础，经典物理学最重要的“守恒定律”是能量与动量的守恒。李政道在其《对称、不对称和粒子世界》一书中说：“很长时间以来，自然规律在镜像反射下的对称性（左、右对称性）被认为是一个神圣的原理。这意味着镜子里面的世界有可能是一个真实的世界……在1956年发现左右对称性破坏（宇称不守恒）以前，人们一直认为，自然规律在左、右变换下具有对称性是理所当然的。”

什么叫做“宇称守恒定律”？杨振宁说：“打个比方，当你照镜子时，镜子里就出现一个和你一模一样的影像，即‘镜像’。你和你的‘镜像’完全对称。这种现象在物理学中的表现，则是两个互为‘镜像’的基本粒子具有相同的物理性质，这就叫做‘宇称守恒定律’。自古以来，人们就常常讨论对称原理之一——左和右之间的对称。自然界是否呈现这种对称性，曾经被哲学家长期辩论过。然而，物理学一直显示出左右之间的完全对称，这种对称在量子力学上可以成为一种守恒定律。我们称之为‘宇称守恒定律’。它和左右对称的原理完全相同。”

这个早已被世界公认的“宇称守恒定律”真的是完美无缺的吗？不见得。物理学家在运用这一定律进行实验的时候，发现了很多用此定律无法解决的难题，使这一定律的正确性、准确性面临着一场挑战。是定律不再成为放之四海而皆准的自然规律，还是自然界的复杂性超越了“宇称守恒定律”的涵盖？

对早已被公认的定律，要想挑战、解决，谈何容易！可以说，成功的可能性是极小极小的。如果最终在定律面前碰了壁，那可就贻笑大方了。如此结果，挑战者将无法立足物理学界！

两位年轻的物理学家李政道、杨振宁面临科学的困惑，面对早已被世界确认的定律，没有被权威吓倒。他们经过多年反复研究，终于在50年代初大胆提出了自己的推测、假设："宇称守恒定律"是不完备的，在强作用下成立的这一定律，在弱作用下不一定成立。此时的李政道、杨振宁想到了富有哲学思维的一段话："什么是不可能？不，没有不可能！什么是不可能？喔，很难发生的就是不可能！"

假设提出来了，怎么去证明假设是正确的呢？推测要有根据才行。处于困难中的杨振宁和李政道，想到了自己人吴健雄。同是炎黄子孙，吴健雄肯定更易理解此时的相互帮助是多么重要啊。本要到欧洲讲学的吴健雄，见到李政道后，义无反顾地中止了远行的计划。她很快整理了实验思路，以最快的速度投入到验证之中。这一投入是全身心的，她忘记了白天、黑夜，忘记了丈夫、孩子，忘记了饭菜的味道，也忘记了旅途的疲劳。她的家在纽约，实验室却在华盛顿。我在美国考察的时候，从吴健雄经常奔波往返的那条铁路线上走过。来回上千公里，偶然旅行一次还挺新鲜；如果常常这样奔波，对一个女人来说，的确是太残酷了。此时的吴健雄，儿子不到10岁，她周一去华盛顿工作，周末返回纽约，甚至有时半个月、一个月才回家一次。她到家时，经常是夜深人静。如此，经历了大半年时间。其敬业精神少有人比。怪不得袁家骝在谈起妻子时说："健雄就是这么个脾气，干起某个事情来，总是不要命！她一生都是如此。”

吴健雄这次为杨振宁、李政道而进行的实验，是把钴60置于一个强力磁场内，将原子排成一个方向，让它超冷，使无规则的热运动减弱到最小限度，然后再观察它的电子散布在什么地方。1956年的寒冬，吴健雄整天钻在实验室里，面包、牛奶是她的主食，每天睡眠时间只有4个小时。在最紧张的时间里，她天天给杨振宁、李政道通电话。按照“宇称守恒定律”，那些电子应当沿着旋转轴、以同样的数目朝上下两个方向发射。可是，随着时间的推移，一个奇异的现象发生了：数以万计的发射电子射向了同一方向。

吴健雄的实验证明了这么一个物理现象——“宇称并不是永远守恒的”，从而打破了“宇称守恒”这个定律，在人类探索微观世界方面，迈出了重要一步。此时正值圣诞节的前夕，为了使实验能够成功，吴健雄已经完全忘记了今夕是何夕。在欢乐的人们庆祝这一年一度的盛大节日时，吴健雄正坐在火车上赶往纽约。她来到李政道家，将最新的实验进展情况告诉他。1957年1月9日凌晨2时，请大家记住这个“凌晨2时”，吴健雄的最终实验结果，准确无误地证明了“宇称守恒只是部分的物理现象，在更多的弱相互作用下，宇称是不守恒的”。李政道、杨振宁的科学构想终于得到了证实。

吴健雄的实验立即引起全球轰动，困扰了全球科学家们几十年的“大谜语”，终于有了答案。为此，瑞典诺贝尔奖委员会决定，将1958年的诺贝尔物理学奖，授予李政道和杨振宁。

许多记者在采访吴健雄时，都问到这么一个问题：“您的实验证明了李政道、杨振宁的推测的正确性，您也应当获得诺贝尔奖。”面对这样的问题，吴健雄的思考是成熟的：“我只知道科学探索的乐趣。我是为了科学而进行实验的，而不是为了荣誉才去搞实验的。实验本身其乐无穷。我只是证明了李政道、杨振宁提出的大胆假设、大胆推测的正确性。没有理论物理学家，实验物理学家将徘徊不前。我从内心里为他们获奖而高兴。我想，每一个中国人听到这个消息都会感到高兴的。”

的确，正如吴健雄所说的，每一个中国人都为李政道、杨振宁荣获诺贝尔奖而高兴，每一个中国人都为吴健雄的卓越验证而感到自豪。这是中国人在美国的土地上进行的一次最伟大的合作，充分表明了中国人民的凝聚精神。1974年5月30日，毛泽东在中南海接见了李政道。毛主席和他谈话的主题还是“宇称守恒定律”和“宇称不守恒定律”。

更有意思的是：当全世界各大报纸竞相报道这一伟大的实验和这一伟大的理论获得成功之时，我们的《文汇报》也在重要位置报道了这一令中国人骄傲、自豪的喜讯。1957年2月23日正是吴健雄的父亲吴仲裔的70岁生日，邮递员送来了当天的《文汇报》。吴仲裔翻开报纸，突然看到了女儿的照片和女儿取得的科学成就，喜不自禁，老泪纵横。自1936年告别父母万里求学，21年未归的吴健雄突然出现在报纸上。在父亲生日这一天，女儿与父亲“相见”无语。这是多么令人难忘的镜头啊！这是多么美好的人生故事啊！

此后，不懈追求的吴健雄不改本色。1961年，她又以自己精确的实验证明了麻省理工学院吉尔曼教授提出的新理论：微粒子分而复合时，向量电流的能量依然存在。1963年，吴健雄在哥伦比亚大学通过实验证明了费因曼和盖尔曼两位教授提出的新理论的正确性，即在核的β衰变中矢量流守恒性。在她的实验证明之下，这些科学家们均成为诺贝尔物理奖得主。所以，人们如此赞美吴健雄：诺贝尔物理学奖获得者的最理想的“保姆”。

四、故园情

1936年离开祖国的袁家骝、吴健雄夫妇，早就想学成之后返回祖国效力。他们当时的想法，就是到美国留学几年后即返回祖国。不料，等到他们在1940年获得物理学博士学位时，第二次世界大战的战火正在全世界燃烧。怎么办呢？是回国搞科学研究，还是在美国继续深造？正处于抗日战争时期的中国，北平、南京、上海已陷敌手，科研是肯定搞不成了。加州大学的世界著名物理学家劳伦斯先生郑重地告诉他们："为了科学，为了这次反法西斯战争的胜利，希望你们能留下来。将来，你们的所学，一定会有机会报效你们的国家。"

新中国成立后，美国在朝鲜半岛点燃新的战火。为了遏止留美中国科学家回国，美国政府动用了一切力量。袁家骝夫妇回国无望，再加上袁家骝先生是袁世凯的孙子这一极为特殊的家庭背景，袁家骝夫妇最终未能实现归国之梦。直到1972年中美关系解冻时，恋国情思已无法排遣的袁家骝夫妇总算看到了希望。此时的他们已离开祖国36年了，人生有几个36年啊？

1973年，去国达37年的袁家骝夫妇，终于踏上了回国的旅途。袁家骝在他的书房里回忆这段往事时激动地说："离开祖国、离开亲人几十年，那种乡愁是很沉重的。那时候，我们整天惆怅，心里总有一种失落感。"正如吴健雄在给朋友的一封信中所说的："我们流落异邦，无论如何成家立业，心中免不了惆怅。”

我问袁先生：“1973年您回国访问中，最难忘的经历是什么？”

袁家骝说：“是我们见到了周总理。总理那个人真好啊！他作为一国总理，可以说，日理万机，可是他对我们竟是那样地细心、体贴。他的人格之高，在我们当今世界也是极为少见的。他去世的消息传到美国时，我们都哭了。联合国还为他破例下半旗致哀。这是全世界对他人格的尊重。

总理接见我们的那一天，是1973年10月12日。正当我们要离开北京的时候，突然接到通知：总理要在当天晚上，在人民大会堂接见我们。听到这个消息我们十分兴奋，按照约定的时间来到人民大会堂的安徽厅。总理迎上来，紧紧握着我们的手说：‘欢迎，欢迎，今天我在安徽厅接待你们二位，知道是什么原因吗？’我们不知其因。总理风趣地说：‘吴教授是江苏人，袁教授是河南人，安徽在江苏、河南之间，所以我就选在安徽厅接待你们。’总理的心真细，让我们感到非常温暖。

总理又问：‘回老家了吗？有什么感受？’

吴健雄说：‘回老家看了看，面貌和几十年前相比是不同了。’

总理说：‘我看人口增长了不少，其他变化恐怕不大吧？’

接着，我把想回河南老家看看的想法告诉了总理。总理说：‘可以嘛。我刚从河南回来，是陪同加拿大总理去看洛阳龙门石窟的。我们应当用历史唯物主义的眼光去看待历史。袁世凯是袁世凯的问题，袁克文是袁克文的问题。每个人都要对自己的历史负责，而不应混淆在一起。你应当回老家看看祖父的坟。’

听到这里，我心里十分激动，总理太理解我们了。想想那个时候正是‘文化大革命’啊！总理这样理解我们，

周恩来接见袁家骝、吴健雄夫妇。

太不容易了！我们刚入境的时候，我就把想回老家给先祖父上坟的想法告诉了接待我们的工作人员。但是，迟迟未见回答，我心里一直忐忑不安。这下总理给解了难，了却了我们的一桩心事。

那天的接见时间很长，从晚上8点一直到次日凌晨1点多钟。总理在这中间还请我们吃了一顿夜宵。当时在座的有郭沫若、吴有训、钱学森等。我们像拉家常一样，围绕着中美关系和科学技术的发展、中美科学文化交流、中国对外开放这些话题，无拘无束地进行了交谈。总理说：‘我们已准备逐步扩大跟外国的人员交往和科学技术交流。如有可能，也请你们多多帮忙。’听到总理的嘱咐，我们高兴地说：‘我们一定尽力去做，一定尽力去做。’

总理的知识面很广，对科学技术十分重视。我们都为总理对世界科学技术发展的了解和见识而赞叹不已。

正在我们交谈的时候，有位科学家向总理谈起了健雄的叔叔和弟弟在‘文革’中的不幸遭遇。总理的脸色倏然冷峻起来，一阵悲凉也袭上我们的心头，不知道总理会说什么。我们没有想到，总理声音低沉地说：‘我不知道你们家的变故，等知道已经迟了。在这场全国性的运动中，我的亲戚也受到了冲击。’

接着，他向我们微微欠了欠身子说：‘真是对不起得很……’听到这句话，我们激动得热泪盈眶，连声说：‘事情已经过去了，过去了。’我们能说些什么呢？那个时候，总理就对‘文化大革命’很有看法。他的态度表明，他正在为早一天结束那场灾难而尽力。后来，我们才知道那个时候总理已经重病在身了。重病在身的总理竟和我们畅谈了四五个小时！他的坦诚、博大，真是令人感动啊！”

我问起袁世凯这个背景对整个家族所产生的影响：“新中国成立后不久，就接连不断地搞了十几年的政治运动，阶级斗争搞得很厉害。你们家这种特殊的背景，家人肯定遭到很多不幸吧？”

袁家骝说：“是这样，家里很多人遭到批斗、打击，被扣了很多‘帽子’，有的被管制起来，有的跳河自杀了，生活状况、精神状况很不好。周总理知道这个情况后，指示天津市有关人员，突击落实对待在天津的袁氏后裔的各项政策，要为他们恢复名誉，安排工作，退还他们的私房及其他财产。这是我们袁家生活上的重大转机，我们袁氏后人都非常感谢总理，都很怀念他。

1973年那次回国，不愉快的事情也遇到不少，家里亲属的情况都不好，我心里很难受。我回安阳给先祖父上坟，整个坟园被搞得一塌糊涂。我13岁离开安阳时，先祖父的墓园非常好，没有想到‘文革’时期被破坏得不成样子，石人石马等全被推翻，墓园一片颓败、凌乱。幸好先祖父的墓浇铸了两米厚的钢筋水泥，红卫兵用过各种自制的炸药，也没有把墓炸开。先祖父的墓穴总算得以存留。”

“改革开放以后，大家对历史的评价更趋客观公正，对重大历史文物的认识，有了很大的提高。现在，河南省对保护您爷爷的墓地越来越重视。我回国后一定到安阳去一趟，把近年墓地保护的情况如实告诉您。”

“谢谢您。我很关心这件事情。我们不能这样对待历史。先祖父的墓是中国近代史上的一个重要遗迹，应当保护好才好。”

说到这里，袁家骝话题一转说：“这十几年，咱们中国的改革开放搞得好啊！全世界的华侨都拥护，从心眼里拥护。邓小平真伟大！”

“您见过邓小平吗？”

“见过。1984年，我们再次回国。9月19日，当时任中央顾问委员会主任的邓小平在人民大会堂接见了我们。这次接见和周总理的那次接见一个样，大家谈得非常好。邓小平和周总理有很多地方都相似。邓小平的幽默、坦诚和活跃的思路，给我们留下了很深的印象。

那天，我们谈得最多的，就是改革开放和科学进步。他说，他要当好‘后勤部部长’，为科学教育服好务，让科学家们轻装上阵。邓小平对科学进步的理解很透彻，谈了很多这方面的情况。我向邓小平建议，要抓紧建设高能物理研究所，不能迟疑了。邓小平当即指示有关部门的负责人，要抓紧考虑这件事情。

在那次接见中，我们除了谈科技之外，还谈到祖国统一问题。我们讲，海峡两岸应该相互参观、了解。祖国大陆应该组织团体，到台湾参观、考察他们的科技等方面的情况，增进了解；大陆和台湾都要为祖国统一做出努力。祖国统一了，中国就国富民强了。祖国和平统一了，我们中国的地位就更高了，中国在世界上的力量就更大了。邓小平对此表示赞同。

我们还谈到，这几年中国实行开放政策，派留学生出国学习，这很好。出国学生基础知识都很好，到国外后大都钻在图书馆里学习。但仅有这一点还很不够，留学生还应该到美国政府、工厂、机关等地方走走，多接触美国社会，以增长见识、提高才干。

邓小平还问我们：‘大陆学生和外国学生的最大区别在哪里？’我们说，大陆留学生基础知识好，刻苦勤奋，但不善于提问题。美国学生思维活跃，好提问题；他们回到家里，父母就问：‘今天你向老师提了问题没有？提了多少问题？’我们中国的家长则一般不会这样引导。邓小平同志问：‘对于回国的留学生，应当怎么办才好？’我们讲：留学生要回国工作，要为国家多做贡献。但是他们回国后，国家应该为他们创造选择工作的自由空间和较好的工作条件，要允许回国人员再出国留学，不要限制他们。邓小平同意这个观点。那天，我们的很多观点都是在吃饭的时候谈出来的。”

“您对咱们中国在下个世纪的前途如何看？”

袁家骝充满信心地讲：“现在咱们中国的形势是很好的，照这样发展下去，不得了！下个世纪肯定是中国人的世纪，这一点全世界都知道。中国人自古以来就重视文化、重视教育，这个传统很好。咱们中国人天分好，很聪明，又肯钻研，哪有不成功的道理？祖国要是统一起来就更好了。咱们国家可不敢乱，一乱就糟了。稳定、发展是头等的事儿，一些国家希望中国乱，咱们可不敢乱。

我和健雄每次回国，都想为国家多做点事情，只觉得做得太少太少了。现在我们都80多岁了。只要国家有需要我们的地方，我们一定去做好。我特别不喜欢当什么顾问，搞什么兼职，我最怕顾而不问，或顾问了一点，什么也没有做成。我们想实实在在地做成一些事情。我们最担

1986年9月袁家骝再次回到故乡河南。

心的是，提了好的建议，就是落实不下来，办不成事。时间耽误不起啊！近几年，台湾邀请我比较多，我常去，台湾的同步辐射中心在亚洲是最大的。对此我很高兴，总算办成了一件大事。”

我最后问袁教授：“您有没有人生的遗憾？”

袁教授回味了一下，慢慢地、带有一点酸楚地说：“有啊！改革开放刚开始的时候，我和健雄曾经想回国定居。考虑了很长时间，最终没有回成。我们在美国时间太长了，61年了！我们太老了，走不动了。”

谈到此，袁教授无限感慨地长叹一声：“唉！”

袁家骝、吴健雄夫妇

袁家骝、吴健雄小传

袁家骝，1912年生于北京，2003年去世，享年91岁。他祖籍河南省安阳市，是世界知名的物理学家。1932年毕业于燕京大学，1936年赴美国留学，1940年获博士学位，1941年参加美国国防科研工作，1945年任职于普林斯顿大学研究院，1948年转入纽约长岛布鲁克海文研究所，从事核子科学基本理论的研究，并曾任日内瓦西欧核物理研究所研究员、意大利罗马大学高能物理研究员。他在高能加速器、高能物理、粒子探测系统、宇宙线、无线电定向、频率调制和雷达系统等项研究上颇有建树。

1972年中美关系正常化后，他和夫人吴健雄率先回国，受到了周恩来总理的接见。他们夫妇二人为促进华侨对新中国的了解、认同，为促进中美两国关系做出了贡献。改革开放后，他们更是经常回国，为祖国科学事业的发展尽心尽力。

吴健雄，1912年生于江苏省太仓市，1934年毕业于中央大学，1936年赴美留学，1940年获博士学位。她参与了世界上第一颗原子弹的研制工作，并于1957年成功验证了杨振宁、李政道发现的“宇称不守恒定律”，从而使杨振宁、李政道这两位年轻的科学家荣获1958年诺贝尔物理学奖。为此，吴健雄在1958年当选为美国科学院院士。1964年，美国国家科学院授予她“康斯托克奖”。1972年，她又获哥伦比亚大学“普佑平物理学教授”荣誉称号。1974年被授予“最优秀科学家”称号。

1975年任美国物理学会第一任会长，同年获美国总统福特颁发的国家科学勋章。1978年，获沃尔夫基金会颁发的物理学奖，并先后获哈佛大学、耶鲁大学等12所美国著名大学名誉博士学位。1981年，意大利总统授予她“杰出妇女奖”。1984年，她又荣获华美协进会颁发的“青云奖”。1990年，中国科学院紫金山天文台将第2752号小行星命名为“吴健雄星”。

她被世界誉为“中国的居里夫人”。1997年2月16日，她因中风病逝于美国，享年85岁。

袁家骝、吴健雄的故事

1

袁家骝的祖父即为大清国内阁总理大臣、北洋系统领袖、中华民国的第一任大总统袁世凯。其生父为袁世凯次子袁克文，袁克文生母即袁世凯三姨太金氏。金氏系袁世凯任朝鲜通商大臣时朝鲜高宗李熙所赐，乃朝鲜王族之女，朝鲜王妃闵妃之从妹。1885年金氏于韩国汉城生子袁克文。甲午战争后袁克文随袁世凯归国，1912年袁家骝出生在河南安阳。

2

袁家骝的父亲袁克文，是袁世凯的庶出儿子，因作“绝怜高处多风雨，莫到琼楼最上层”诗，有讽刺父亲搞洪宪帝制之意而遭软禁。加上袁家骝的大伯袁克定野心很大，所以袁克文只有远离北平，在天津、上海与文化人士来往；母亲则带着袁家骝和两个哥哥及妹妹，在河南安阳乡下过日子。他们家中虽然衣食不愁，但确实说不上富裕。袁克文在上个世纪二三十年代曾风光一时。袁家骝的母亲在他很小的时候就与他的父亲分手了。袁克文和张学良、张伯驹、溥侗共称为民国四大公子。袁克文去世时，袁家骝还不到20岁。

袁家骝说，每到过年，他们总要到北平去给大伯袁克定行礼。他大伯是个很守旧老派的人，小孩子见面不但得穿戴整齐，还要叩头跪拜，所以他不但怕大伯，也不喜欢去北平见面，只是家中许多开销还是仰赖大伯支付，有时就不得不去。

3

袁家骝的母亲薛丽清，本是南部小班名伶，据说气质高雅，袁克文一见倾心，纳为姨太太。袁家骝3岁时，薛丽清离开大总统家，再未回来。袁家骝从小由别房照料，无缘锦衣玉食，惟有补丁衣服、粗茶淡饭。

4

袁家骝另一大爱好是拉京胡，拜的是著名琴师杨宝中。当年袁克相（袁世凯十三子）、程砚秋、余叔岩等人常在昆明湖上泛舟唱和，伴奏的便是袁家骝。

5

袁家骝25岁赴美留学前，找到父亲的老友方地山，才知自己的母亲是谁。苦苦寻到上海，但母亲已在两年前过世，他十分伤心。

6

袁家骝自小聪明伶俐，才华横溢。13岁时作一首《咏雪》的五言绝句：“入夜寒风起，彤云接海横。纷纷飘六出，路静少人行。”受其父赏识。袁家骝多才多艺，对平剧、国乐都有兴趣，也会拉二胡，到美国还把二胡带在身边。闲时兴起，还把《教我如何不想她》《毛毛雨》等歌曲谱写下来自娱。

7

袁家骝13岁时，到天津南开中学读书；仅一月有余，转入新学书院，这是英国伦敦传教会办的学校。1928年他考进工商大学就读工程学；1930年转入燕京大学物理系，师从著名物理学家谢玉铭教授。他对无线电特别有兴趣，利用课余进行无线电通信的研究。1932年毕业，再入该校研究院攻读学位，1934年获得硕士学位。在时任燕京大学校长的司徒雷登的促进下，他获得国际学舍奖学金。1936年考入美国柏克莱的加利福尼亚理工学院。

1933年袁家骝（右）与燕京大学同学合影。

8

1912年农历四月二十九，吴健雄出生在江苏太仓县浏河镇。在她这一辈，是排行“健”字辈。给孩子取名时是以“英雄豪杰”顺次采用。在吴健雄之上，有一个哥哥取名“健英”，所以，她便名叫“健雄”，她弟弟叫“健豪”。

9

吴健雄的父亲吴仲裔是一个思想极端开明、有见解、有胆识的人物。他毕业于上海著名的南洋公学。这所学校由清末洋务派重要人物盛宣怀倡议创立，主要培养通晓外语、懂得技术的新式洋务人才。这所学校是上海交通大学的前身。吴仲裔在这里开始接触西方国家的自由、平等思想，阅读了许多谈论人权和民主的书籍，并积极参与了辛亥革命。

10

吴健雄的父亲是个兴趣广泛的人，在无线电、狩猎、弹风琴、唱歌、吟诵古典诗词等方面都有相当造诣。他经常将上海《申报》上一些科学趣闻念给吴健雄听。他自己动手装的一台矿石收音机，让吴健雄特别着迷，对收音机里传来的声音，有一种神往。

11

吴健雄的父亲还在家乡创办了“明德女子职业补习学校”，取意于“大学之道，在明明德”，并自任校长。为了鼓励乡民送女孩子来上学，学校不但学杂书籍免费，还教些缝纫、刺绣、园艺等实用手艺，他要打破“重男轻女”、“女子无才便是德”的落后观念。正是这个原因，当时浏河这个小地方到上海、苏州去念书的女孩子，就有50个之多，开风气之先。

12

吴健雄的父亲还在家乡成立了沪太汽车公司，经营太仓、上海间的公路运输。1931年日军登陆上海之后，曾参与协助十九路军开展军需运输工作。1937年还支援了对日作战的“八一三”淞沪战役。这些都对吴健雄产生了重要影响。

13

吴健雄的父亲给她买来上海商务印书馆出版的“百科小丛书”，为她讲述其中一些科学家的故事，这使得吴健雄很小便对探索这些奇妙的自然知识深感兴趣。

14

在做人方面，吴健雄的父亲则保有中国传统的观念。父亲并不会特别来教导她，偶尔碰巧有机会，就会以中国古书中的一些说法来解释，使吴健雄了解书中的含义，并经常告诉她，中国古书中有许多地方很好，是很有道理的。这使得她不仅走在西方近代科学的前端，同时保有中国文化的深厚素养和良好特质。

15

1923年，11岁的吴健雄参加了苏州第二女子师范的入学会考，那年苏州女子师范招收了两班师范生和两班普通中学生，她在接近万人的考生中，以名列第九的成绩，成为入学200人中的一员。

16

在吴健雄的记忆中，当时受邀到苏州女子师范来演讲的，有美国著名的大教育家和思想家杜威以及他的两位弟子。杜威学派着重生活经验的教育理念，使她大受启发。

17

给吴健雄深刻影响的，还有胡适先生的演讲。其实胡适来校演讲以前，喜好看书的吴健雄已经在图书馆里的《新青年》《努力周报》等杂志上看过他的文章。校长知道吴健雄文章写得很好，又对胡适很崇拜，便特别对她说："健雄，你一向喜欢胡先生的思想，这一次就由你来把演讲记录写出来。"吴健雄还记得，胡适那次演讲的题目是《摩登的妇女》，内容是讲妇女应如何在思想上走出旧传统。第二天胡适到附近的东吴大学演讲，她又跑去听。吴健雄记得，胡适那天讲新时代的妇女，也谈社会的改造，这些新思想使少年吴健雄激动不已。

18

有一天，吴健雄在吃饭时偶尔与一个朋友谈话，发现这位朋友念的中学部课程，比她念的师范课程学了更多的科学和英语。好学心切的吴健雄马上想出一个补救的办法，每天晚上8点到10点学校晚自习后，等中学部同学做完了功课，就把她们的科学课本借来，自修数学、物理和化学。

19

吴健雄文章写得好，有一次老师在她的文章上评语是“笔大如椽，眼高于顶”。吴健雄觉得十分得意，于是在放假回家时，就把那篇批了评语的文章，故意放在她父亲看得到的地方，结果父亲看了并没有吭声。她于是问父亲：“你没有看？写得不好吗？”父亲说：“好是好，就是有些空洞，写文章应言之有物。”这件事给了吴健雄很深刻的启示。

20

有一回她参加苏州女子师范学校的旅行，在苏州一个庙中抽了一签，签上有句话：“岁寒松柏古栽培，异日必然成大器”，这句诗正是她的心境，她一直铭记在心。

21

1929年，17岁的吴健雄进入中国公学读书，39岁的胡适成为她的老师，由于选胡适课的人太多，教室坐不下，于是在大礼堂上课。令吴健雄印象深刻的，是胡适演讲内容的生动，观念上的不落俗套，屡有新意。

22

有一次考试，吴健雄坐在中间最前面，就在胡适面前，考试是三个钟点，她两个钟头就头一个交了卷。胡适说：“哈，我们这有个人，她坐得很直，考试写东西没停过，不到两个钟头就写好了。”胡适很快地看完卷子，送到教务室去，正巧历史学家杨鸿烈、社会学家马君武都在。胡适就说，他从来没有看到一个学生对清朝三百年思想史懂得那么透彻，我给了她100分。杨鸿烈、马君武二人也同时表示，班上有一个女生总是考100分，于是三人各自把这个学生的名字写下来，结果拿出来一对，三人写的都是吴健雄。与胡适的这段师生经历，不但吴健雄认为对她影响深远，胡适也曾在公开场合说过，这是他生平最得意、也最值得自豪之事。

23

吴健雄写得一笔好字，她的好友称赞道“挺秀劲拔，无女子气”。

吴健雄说，父亲有时候有一些事要她来写，总是会说“请你写吧！”很瞧得起她。她以为，父亲虽然没有到过国外，但是各方面的观念和思想都十分的进步。后来她出国，就再没有见到父亲，但是在国外多年，看过这么多人，也一直觉得没有几个人比得上父亲。

父亲吴仲裔和吴健雄感情深厚，并对她影响深远。

24

胡适对吴健雄非常赏识，后来在旅行中看到书店中有英国大物理学家卢瑟福的书信集，觉得对已在美国念物理的吴健雄有用，就买下寄给她。吴健雄说："这才是师生关系啊！"

25

吴健雄在南京中央大学读书时，她的同学程崇道回忆说，她在面积不过方丈，仅容一桌一椅一榻的小屋中，经常是闭门读书，有时宿舍总电源关闭之后，还可以看到她在烛光里看书的身影。

26

吴健雄18岁至22岁时，在南京中央大学学习物理学。她专注于学业，从没交过男朋友。

27

有一回为了要求政府对日作战，吴健雄和许多学生参加了一次游行请愿，夜里就在总统府的院子里静坐。那一次是12月间，天空下起雪来，学生们还是不肯散去，到很晚的时候，蒋介石终于来到学生面前，听学生要求对日作战的要求。

28

1936年，袁家骝比吴健雄早三个礼拜到达美国旧金山。他买的是一张三等舱的船票，除了有奖学金之外，身上只有40美元。他在三等舱中摇晃了16天，才由天津到了旧金山。这一段时间，三等舱的伙食都是吃腥味很重的臭鱼，袁家骝吃不下那种伙食，又舍不得花钱去吃一块钱一碗的粥，16天下来，他足足瘦了20磅。

29

1936年夏，吴健雄得到她叔叔的资助，到美国密歇根大学念书，那天在上海乘船离开时，母亲哭得很伤心。本以为只是出国几年，很快就可以学成回家，谁知这一别就是37年，她再未见到父母。

30

24岁的吴健雄来到美国，在这里，她认识了袁家骝。在袁家骝的陪同下，吴健雄参观了加州大学柏克莱校区，她看到物理系各种不同的实验，非常兴奋。尤其是劳伦斯的放射性实验室，更使她印象深刻，此时的劳伦斯才35岁。另外在物理系中，还有一位绝顶聪明的年轻理论物理学家奥本海默，此时才28岁。吴健雄发现柏克莱物理系云集了一批年轻而具顶尖水准的物理学家，她当即决定留在柏克莱，不再去密歇根大学。

31

吴健雄深刻认识到柏克莱的无限潜力后，便决意留在这个充满挑战的学习环境。她在袁家骝的陪同下，拜访了当时柏克莱物理系主任柏基。柏基1933年到1955年主持加州大学物理系，他对战后柏克莱成为美国物理重镇有着极大的贡献。谈话中，柏基很快就认识到吴健雄过人的物理才华，尽管那时候学期已经开始，他还是破例接受了吴健雄的申请，欢迎她进入柏克莱物理研究所就读。

32

那时候袁家骝、吴健雄的英文都不好，所以上课难免无法听得完整，因此要详尽记下笔记便有些困难。他们的同学渥科夫回忆说，他们都是很好的学生，经常向渥科夫借笔记抄。有时，袁家骝和吴健雄会一同抄这个笔记。

33

那时候美国对东方人歧视，从没有给过东方学生奖学金，因此只能给袁家骝和吴健雄钱数较少的助读金。袁家骝于是转向在加州南方洛杉矶的加州理工学院申请，校长发来电报同意给他奖学金，袁家骝十分高兴。

34

由于袁家骝的原因，吴健雄留在了柏克莱这个在国际科学领域重要的物理中心。她在这里开展的实验工作，为她的科学生涯奠定了良好基础，并形成了她的实验物理学家的风格。

35

1936年10月，胡适到加州大学柏克莱和当时在此念书的袁家骝、吴健雄等人会面长谈，胡适和袁家骝的父亲袁克文是老朋友。第二天他等船回国时，给吴健雄写了一封长信：

健雄女士：

昨夜在马宅相见，颇出意外，使我十分高兴。

此次在海外见着你，知道你抱着很大的求学决心，我很高兴。昨夜我们乱谈的话，其中实有经验之谈，值得留意。凡治学问，功力之外，还需要天才。龟兔之喻，是勉励中人以下之语，也是警惕天才之语，有兔子的天才，加上乌龟的功力，定可无敌于一世，仅有功力，可无大过，而未必有大成功。

你是很聪明的人，千万珍重自爱，将来成就未可限量。这还不是我要对你说的话。我要对你说的是希望你能利用你的海外住留期间，多留意此邦文物，多读文史的书，多读其他科学，使胸襟阔大，使见解高明。我不是要引诱你“改行”回到文史路上来；我是要你做一个博学的人。凡第一流的科学家，都是极渊博的人，取精而用弘，由博而反约，故能有大成功。

国内科学界的几个老的领袖，如丁在君、翁詠霓，都是博览的人，故他们的领袖地位不限于地质学一门。后起的科学家都往往不能有此渊博，恐只能守成规，而不能创业拓地……

36

1938年，吴健雄的第一个实验工作由劳伦斯指导，题目是探究放射性铅因产生β衰变放出电子，而激发产生出两种形态X光的现象。对于原子核物理来说，1938年底铀原子核分裂的发现，令人震惊。全世界这一领域的科学家，都迫不及待地开展相关的实验工作。1939年，吴健雄由塞格瑞指导进行实验，其中一项结果对于后来美国制造原子弹的“曼哈顿计划”，提供了关键的贡献。

37

塞格瑞在他的自传中说，吴健雄是他在柏克莱的头一个学生，对工作十分狂热，对物理几乎到了着迷的地步，极有天分，并且十分聪敏和才气纵横。

38

吴健雄在原子核分裂和放射性同位素方面的杰出工作，当时已经使她成为奥本海默等许多大科学家眼中的“权威专家”，经常被请去在讨论会上讲一些专题。

39

袁家骝自幼养成节俭习惯，他赴美念书虽没带多少钱，但是他得到的那个国际学舍奖学金，可以免缴学费，加上管吃管住，使他并没有后顾之忧。袁家骝勤劳节俭，许多事都乐于助人，东西坏了也由他动手修好，这些得到他们居住的国际学舍主任的欣赏，这些事情也给他的同学吴健雄留下很深的印象。

40

吴健雄进了柏克莱的物理研究所念书，也和袁家骝同班上课。吴健雄由于才貌出众，在物理研究所一大批研究生当中，受到许多人的爱慕，除了袁家骝之外，可以确定十分仰慕她并且追求她的同学，至少还有两位，其中一位便是后来在美国高能物理界享有盛名、创立美国费米国家实验室的威尔森。在威尔森的记忆中，那时的吴健雄总是穿着中国式的高领旗袍，十分正式。

41

吴健雄在穿着上，虽然展现的都是女性的柔媚之美，但是在个性上，她相当开朗。袁家骝说，吴健雄个性相当爽快，有时他们一起在图书馆看书留到很晚，她也并不在乎。

42

袁家骝在1937年去了洛杉矶地区的加州理工学院，虽然他和吴健雄还有来往，但是由于时空的距离，有一段时间，他们的情谊疏远了。1940年以后，他们才又渐渐恢复较密切的关系。

43

袁家骝1937年转到加州理工学院后，由于不久中日战争爆发，他和好几个中国学生商议国事，希望回中国效力。不久，胡适到西岸洛杉矶来，听说他们有此想法，特别把他们找去，胡适认为中日战争中国终要胜利，战后国家建设需要许多人才，他们应好好求取知识，以便战后去建设中国。袁家骝于是在加州理工学院定下心来求学，1940年得到学位，在学校做了两年研究。

44

吴健雄的工作使得老师塞格瑞大为赞赏，在实验得到结果后，她立即写了一篇报告，写上了塞格瑞和她的名字，准备在物理期刊上发表。塞格瑞看到那篇论文，删去了自己的名字，这篇文章就以吴健雄一个人的名字，刊登在美国最有地位的《物理评论》上。吴健雄在1940年，以两项重要的实验工作成就，获得到了博士学位。

45

1942年，同是30岁的袁家骝和吴健雄结婚，婚礼由加利福尼亚理工学院院长、诺贝尔物理学奖获得者密立根教授及其夫人主持，并在密立根院长的花园进行。许多同学好友，都来出席盛会。当时也在加州理工学院求学、担任中国同学会会长的钱学森，还替他们的婚礼拍了一部片长八厘米的电影。

46

袁家骝、吴健雄结婚后，在洛杉矶海滨，度了一个礼拜的蜜月。由于海边房子很大，袁家骝就找了他的两个男同学一同去。起初这两个同学拒绝前往，但是经不起他们一再说服，只好勉强同意。

47

吴健雄结婚时由于实验室工作很忙，她度蜜月的假期，由星期四完成一个考试之后开始，到下周就得回来工作，而且还拿去两本谈论科学家费米和密立肯的传记，要在蜜月假期中看。

48

有一年袁家骝、吴健雄去巴哈马群岛休假，她还带着发现DNA的诺贝尔生理医学奖得主华生《基因的分子生物学》。她说，那本书写得很好，只有那些天不看物理。

49

和吴健雄在柏克莱时代就十分亲近的女友阿蒂娜和玛桂特，一致认为吴健雄选择袁家骝是极正确的。阿蒂娜1941年第一次见到袁家骝时就说，“这就是你的男人。”1942年9月19日，吴健雄在寄给好友阿蒂娜的信中写道：“三个月共同生活中，我对他（袁家骝）了解得更为透彻。他在沉重工作中显现的奉献和爱，赢得我的尊敬和仰慕。我们狂热地相爱着。”

50

袁家骝、吴健雄结婚后，他们相亲相爱。袁家骝恪尽丈夫的职守，还延揽太太的活儿，洗衣、吸尘、带孩子以至下厨。他尽可能地让吴健雄全身心地从事研究。袁家骝在金婚岁月谈感受时说：“夫妻也如同一个‘机关’，需要合作，婚前要有承诺，婚后要协调。”朋友评论袁家骝一贯以太太为荣，说：“不管吴健雄去什么场合，拎照相机的人总是袁先生！”生活中也偶因琐事发生小矛盾，袁家骝解决的秘诀是：“太座第一。”家中的许多事多为吴健雄作主，但她对丈夫有种天性的依赖。每遇到棘手的事，她总对人说“等家骝再说”。

51

1942年暑期，著名科学家奥本海默已经集合了一批顶尖的理论物理学家，开始“曼哈顿计划”制造原子弹的一些理论计算。这些科学家中有1967年得到诺贝尔物理奖的贝特，后来和吴健雄在哥伦比亚大学成为同事的舍博，有美国“氢弹之父”称号的泰勒等。

52

有一次吴健雄去波士顿参加一个学术会议，遇到了她的老师劳伦斯，劳伦斯关心地问起吴健雄的近况，她诉说了无法继续做实验工作的苦恼。劳伦斯立即写了推荐信，结果美国东岸常春藤盟校的普林斯顿、布朗、哈佛、麻省理工和哥伦比亚大学等八所学校都回信接受了吴健雄的申请。1943年美国大学里教席找人是相当有歧视性的，他们歧视犹太人、亚洲人、黑人和女性，甚至有些学校都不收女学生。吴健雄最后选择去普林斯顿，她也成为普林斯顿大学有史以来头一个女性讲师。

53

1943年，袁家骝、吴健雄在普林斯顿大学所在的城市有了一个家。1946年后，袁家骝也到普林斯顿大学任物理研究员。在这里他们生下唯一的儿子。

54

袁家骝和吴健雄的儿子袁伟承出生那天，袁家骝在普林斯顿大学的同事、著名科学家爱因斯坦专程前往祝贺。

55

袁家骝、吴健雄在普林斯顿结识了后来在国际建筑设计上有很高成就的贝聿铭，还有张学良的弟弟张学曾，在普林斯顿高等研究所的著名数学家华罗庚，物理学家张文裕，中国著名物理学家饶毓泰，以及后来在台湾做过“行政院长”的俞国华。

56

贝聿铭说，那个时候他们多位友人经常周末聚在一起，或在袁家骝、吴健雄的家里做一个小型讨论，吃过晚饭偶尔会打打桥牌。吴健雄不打桥牌，不过在客人来家里时，她会下厨做一些菜。袁家骝特别点出吴健雄做的馄饨、鸡、炒菜和狮子头很好。

57

袁家骝、吴健雄家中，还经常有许多外国科学家做客，其中最特别的就是泡利和冯卡门。泡利在科学界被称作“伟大的泡利”，是第一流的大科学家。冯卡门是世界最出名的空气动力学大师，他在中国有两位出名的学生，一位是在中国导弹和卫星发展上有很大贡献的钱学森，另外一位则是台湾“中央研究院”的院士林家翘。冯卡门对袁家骝一直很好，每年他要回法国去休假，就会把车子和加州的房子留给袁家骝使用。

58

1944年3月，吴健雄开始到纽约市的哥伦比亚大学，进行战时与发展原子弹相关的研究，她通常周末回到普林斯顿的家里。那时候袁家骝、吴健雄仍然计划着回到中国。1945年8月日本投降，12月13日，吴健雄在给好友阿蒂娜的信中说：“我们回中国的计划还没有决定。想到我们国家正在进行的愚行，就使人心碎。”她指的愚行，是指内战即将爆发。

59

吴健雄在柏克莱的同学威尔森说："健雄是一个很有雄心的女性，她经常谈到居里夫人，并且以居里夫人作为一个典范。她总是想要十分地杰出，我可以感受到她的决心，并且也有信心，她无论如何一定会做得到。"

60

吴健雄的指导教授劳伦斯说，吴健雄是他所知道的最有才能的女性物理学家，是一位会使任何实验室都生辉的得力人物。

61

在第二次世界大战中的德国法西斯，对于最早在柏林发现的核分裂反应，也表现出很大的兴趣，因此这个时期，在美国进行原子核分裂的科学家，都将一些最敏感的实验结果保密。像吴健雄关于铀原子核分裂出产物的实验结果和制造原子弹关键的结果，到二次大战结束后，才发表出来。那时候在柏克莱的物理系，理论方面以奥本海默为首，聚集了一批科学精英，他们成为后来美国成功制造出原子弹的生力军。

62

1941年4月26日，柏克莱所在地奥克兰郡的《奥克兰论坛报》刊出一篇报道，标题是“娇小中国女生在原子撞击研究上出类拔萃”，标题下刊登了一张照片，那是取自吴健雄护照上的大头照。报道说：“在一个进行原子撞击科学研究的实验室中，一位娇小的中国女孩，和美国一些最高水准的科学家并肩工作。吴健雄博士外表看起来显得害羞而沉默。但是在物理学家和研究生面前，她却是自信而机敏的。她的心是在中国。当她谈到‘中国’和‘民主’之时，几乎是带着一种激动奋战的神态。她正准备回到祖国，希望为中国奉献一些力量。”

63

吴健雄告诉她的朋友，袁家骝在工作地点的庭院里，种了中国的包心菜、玉米、番茄和西瓜；谈到一些老朋友到普林斯顿去看她们夫妇。她说，虽然来了一大批人，她总是自己下厨做饭，幸好还没有人抱怨她的手艺。

64

1942年6月，美国的原子弹计划正式开始，由于总部设在纽约市曼哈顿区，因此就叫做“曼哈顿工程区域计划”。计划由马歇尔将军主持，不久便由顾伏将军负责，后来这个计划的科学主持人，便是奥本海默。

65

从1944年3月开始，吴健雄进入哥伦比亚大学任资深科学家，并且获特殊的保密许可，以一个外国人身份，参加当时美国最机密的、制造原子弹的“曼哈顿计划”。在原子弹发展至接近试爆阶段，许多主持人十分担心。吴健雄的老师奥本海默害怕会引发预料不到的事情。

66

1945年7月16日，在新墨西哥州的一个沙漠中，人类第一颗原子弹试爆成功。三个礼拜之后，投在日本广岛和长崎的两颗原子弹，终于促成了第二次世界大战的结束。有人以为，吴健雄对“曼哈顿计划”的贡献，对中国有着难以估量的重大贡献。因为，日本的提早投降，使得中国战场上少牺牲了很多中国人。

67

1945年8月日本投降后，袁家骝、吴健雄便开始认真考虑回国的问题。那时候吴健雄的母校中央大学邀请她和袁家骝回国，并建议他们在美国多留一年，以便准备实验室仪器。但是内战很快爆发，吴健雄的父亲看局势混乱，便劝他们不要赶着回国。1946年吴健雄怀孕，1947年2月儿子出生，他们更忙于教养孩子和工作，袁家骝、吴健雄便打消了回国的念头。

68

李政道对吴健雄不平凡的一生，作了如下记述：健雄1912年5月31日出生在江苏苏州市太仓的浏河。1930年她从苏州中学毕业后，在父亲吴中毅的鼓励下到胡适之正在讲学的上海“中国公学”学习，选了胡适之的文学。

健雄最喜欢科学。在胡适之先生的鼓励和她自己的决定下，她在1930年进了南京的“中央大学”，1934年毕业后到浙江大学和中央研究院工作。1936年，她从上海坐船去旧金山，准备去密歇根学光谱学。离开旧金山前，健雄在伯克莱碰到了三个星期前刚到美国的袁家骝。在参观该校放射实验室的回旋加速器时，发明加速器的劳伦斯对吴健雄说：“你对物理有兴趣，核物理刚刚开始，很有发展，而光谱学是一个比较古老的学科，前途不大，所以，你应该留在伯克莱，不要去密歇根。”这样，健雄就留在了开学已经一个多月的伯克莱。

对健雄来说，1936年9月的那一天去参观伯克莱的放射实验室，对她的一生有极大的影响：第一，她把已购去密歇根的火车票放弃，留在伯克莱；第二，对专业的选择从光谱学改成了核物理；第三，她碰到了袁家骝，6年以后他成了她的丈夫。

4年后，吴健雄拿到了伯克莱的博士学位。她在史密斯学院女校教了两年书，然后去普林斯顿大学做深入的研究。1944年后她就一直在哥伦比亚大学从事教学和研究。

69

对和吴健雄的首次相晤情景，李政道是这样回忆的："1948年我从芝加哥到纽约去看望吴大猷老师。那时我是费米的理论物理博士生。吴老师给我介绍了吴健雄。从那一年开始，我与健雄就建立起了半个世纪的非常亲切的工作和私人的关系。"

70

1949年袁家骝离开普林斯顿大学，到纽约长岛的布鲁克海文国家实验室担任研究员。后来吴健雄在哥伦比亚大学附近分配到一间公寓，他们在长岛也有一幢房子。1953

年他们的儿子上小学，上的是长岛寄宿学校，星期一早上由袁家蝐送到学校，周末和袁家骝一同回到哥伦比亚大学附近的家里。儿子头一年在学校的表现就很好，他连跳了两级，不到七岁就已经是三年级的学生。

71

1954年，袁家骝、吴健雄的儿子改念一个在纽约市曼哈顿区的小学，并且和吴健雄住在一起。儿子每天早上八点前坐校车去学校，下午四点半校车送他回来，吴健雄总要在学校实验室工作到六点以后，儿子会在家做功课，也会照顾他自己。这一年他8岁，上小学四年级。

72

1950年，朝鲜战争开始，美国兴起反共浪潮，美国和中国的关系已是敌国。美国国务院为了防止华人科学家去共产党国家，通常不给科学家赴共产党国家的许可，或者对去了共产党国家的科学家，不发给他们再入境的签证，这使得袁家骝、吴健雄一时便没有再回中国的想法。

73

著名科学家谢希德回忆说：“和吴健雄相识是由袁家

骝的燕京大学同学张文裕先生介绍的，当时袁家骝在普林斯顿的RCA公司工作，张文裕在普林斯顿大学做研究，他们都是家父谢玉铭在燕京大学的学生。1947年冬我去普林斯顿访问张文裕，在普林斯顿吴健雄家的门口与她相遇，那时她正抱着新生的儿子，未能多谈。其后给我印象最深刻的是，从1948年到1952年，每年美国物理学会1月下旬在哥伦比亚大学召开的年会上听她做论文报告。每次年会，她都不只有一个报告，因为那时她已在哥伦比亚大学工作，开展有关β衰变的研究，经常有新的结果。有一次她在报告结束时说‘我们真的很开心！’。由此可知，她废寝忘食地工作，是一种乐趣，而不是负担。”

74

袁家骝、吴健雄在五十年代初，一直持用国民党政府发的“中华民国”护照。1952年，吴健雄应邀到荷兰参加一个国际学术会议，因为她持有“中华民国”护照，得不到入境的签证，只好找在瑞士的泡利帮忙，才得以成行入境。因为这些原因，袁家骝、吴健雄后来才改变初衷，决定入籍美国。

75

有一段时间，胡适住在纽约市曼哈顿区，和袁家骝、吴健雄在哥伦比亚大学的家相距不远。他们之间不断会面，以交流中国发生的情况。

76

太空中由于星球燃烧爆炸，会放射出许多高能量的宇宙射线。自从1910年科学家首次在巴黎埃菲尔铁塔上的探测仪器得知这种宇宙射线存在的可能后，就开始在法国阿尔卑斯山、美国落基山、南美安第斯山等高山，以及高的建筑物上来进行探测；甚至还利用气球、飞机载着仪器升空，去探测这种射线。袁家骝在普林斯顿大学做研究工作时，也曾经在当时纽约市最高的帝国大厦顶上，进行过探测宇宙射线的研究。

77

吴健雄总在早上八点就到学校实验室，开始一天的研究和教学工作，午饭和晚饭一般都在街上小店或学校餐厅解决，至少要到晚上七八点钟才会回到家里，许多时候她更是工作到半夜才回去。她的好友库勒说：她离开实验室回家，心中经常想着一些问题，到第二天早上来的时候，她已经想出了解决的办法。她要求学生在实验工作上，必须追求完美，要他们有最精确的测量，做最准确的计算，对每一个过程都要一丝不苟。她在实验室外，写着一个大告示："放射性物质，不得超越此线"。

78

吴健雄的中国旗袍装扮，以及她特别强的坚持己见和对学生的严格要求，使得她得了个"龙女强人"的绰号。

79

美国物理学界当时流行一句话："如果这个实验是吴健雄做的，那么就一定是对的。"

80

物理是一门实验的科学，理论学家提出一个观点后，如果没有实验的证据，总还是不完全的。杨振宁、李政道两人在1956年春提出的在弱相互作用中去向宇称守恒挑战的想法，如果不是碰上吴健雄这样一位在弱相互作用实验方面的权威，可以肯定是不会这么快便有结果的。

81

杨振宁和李政道在1956年6月间完成了一篇论文，题目叫做《在弱相互作用中宇称是守恒的吗？》论文中不但提出理论上对宇称守恒在弱相互作用中的质疑，也提出了好几种检验这种想法的实验。在他们文章的结尾，感谢了五位物理学家，其中就包括了吴健雄。该论文在美国物理最权威的期刊《物理评论》上刊出。这篇论文使杨振宁、李政道两人得到第二年的诺贝尔奖，文章本身也成为科学文献中不朽的经典著作。

82

1956年春天，吴健雄原本已和袁家骝计划好，先到瑞士日内瓦出席一个高能物理会议，然后再到东亚地区去做一趟演讲旅行。这是他们1936年离开中国以后，20年来头一次回到东亚去，他们原本是要到台湾去访问的。吴健雄认识到这个实验的重要性，于是让袁家骝一个人去，她留下来做实验。吴健雄想尽快进行这个重要的实验，而且她特别希望的，是在整个物理界还没有意识到这个实验的重要之前，能够抢先做出结果来。

83

在1957年1月9日清晨两点钟，吴健雄终于将预定要进行的实验查证全都做完，五个从事这项实验的科学家聚在实验室中，庆祝这个科学史上的重要时刻。哈德森拿出一瓶1949年上好的法国红酒和几个纸杯放在桌上，为推翻“宇称守恒定律”而干杯。

84

物理学家泡利得知吴健雄在进行这个实验时，给一位学生写信说，做这个实验是浪费时间，他愿意押下任何数目的钱，来赌宇称一定是守恒的。学生收到泡利来信时，正巧得知吴健雄实验成功的消息。泡利表示难以置信的惊讶之外，还开玩笑地写道：“我很高兴我们没有真的打赌。因为我也许还输得起一些名声，但是却输不起我金钱的损失。”

85

物理学家费曼对参与实验的阮姆西说：“那是一个疯狂的实验，不需要浪费时间在那上面。”并愿以一万美元比一美元来赌这个实验绝不会成功。阮姆西和费曼折中了一下，把赌注改成五十比一。吴健雄的实验结果出来后，科学界一片热潮。1957年4月中，第七届罗契斯特大会上，宇称守恒成为一个热门论题。在会场上费曼看到阮姆西，就掏出他的支票簿，开了一张五十块钱的支票给阮姆西。

86

1957年10月，奥本海默在电话中告诉吴健雄，杨振宁、李政道得到了今年的诺贝尔奖。那时候还担任普林斯顿高等研究所所长的奥本海默，为此还特别举行了一次晚宴。邀请吴健雄和杨振宁、李政道等人参加。他在晚宴上做了简短的讲话，特别强调不可忽略吴健雄的贡献。

87

1957年瑞典皇家科学院的诺贝尔委员会，没有把诺贝尔奖颁给吴健雄，使得许多人感到意外和不满，许多科学家都公开表示了他们的失望。1988年获得诺贝尔奖的史坦伯格讲，那年诺贝尔奖没有同时颁给吴健雄，是诺贝尔委员会最大的失误，原因是宇称不守恒的构想虽然是杨振宁、李政道提出的，但是却是吴健雄做实验发现的。

对李政道、杨振宁来说，具有里程碑意义的实验则是吴健雄关于宇称不守恒的实验。李政道回忆说："在物理学中宇称守恒的意思是，左跟右是对称的。假如有两个系统，互相是对方的镜像，就是说它们只是左跟右不一样，其他完全一样。宇称守恒认为，除了左右不一样以外，它们以后的发展变化也应该完全一样。可是1957年健雄所做的钴60实验证明，这与自然现象是不符合的。这当然是非常惊人的事情。健雄实验的原理其实非常简单。"

"她的实验说起来非常简单，但要做这个实验，并不是一个简单的经过。

"1956年早春的一天，我去健雄的实验室，向她介绍了高能物理中K介子的'τ- θ 之谜'，同时也讲了一下可能是因为宇称不守恒。假如宇称不守恒，β 衰变中一定也可以做出结果来。怎么去检验？那天我们讨论了很多方案。用钴60是健雄提出来的。她认为，作为一个实验物理学家，去完成这样一个从未有人试过的困难实验是一个'黄金的机会'和挑战。为此，她退掉了早已买好的去日内瓦和远东的船票。这时是1956年，她已经20年没有回中国了。可是健雄为了这个实验，放弃了回国的机会。

"这一年圣诞节前夜，我在半夜接到健雄打来的电话，说她的实验结果宇称不守恒的参数很大。我说这好极了。这同我和杨振宁的'二分量'理论完全吻合。我问她'你在哪儿打电话？'她说是在火车站。那时在下大雪，飞机不通，她立刻改坐火车。火车一到，她还不到家，就给我打了电话，因为她觉得这结果非常重要，这精神是令人敬佩的。"

1957年1月15日下午，哥伦比亚大学物理系召开了新闻发布会，宣布了一个基本物理定律被惊人地推翻了。这个新闻立即引起轰动，传遍全世界。人类对物理世界结构看法的突然解放势不可挡。

89

在1957年得到诺贝尔奖的杨振宁因为有提名的资格，曾经多次提名吴健雄为诺贝尔奖得奖人。

90

吴健雄对于自己没有得到诺贝尔奖，多年来从未公开表露过意见。1989年1月，她在回复著名物理学家史坦伯格的一封信上说："像你这样一位近代物理的伟大批评者，所给予我这样一个罕有的称赞，是比任何我所期望或重视的科学奖，还要更有价值。我的一生，全然投身于弱相互作用方面的研究，也乐在其中。尽管我从来没有为了得奖而去研究工作，但是，当我的工作因为某种原因而被人忽视，依然是深深地伤害了我。”

91

著名物理学家沙缪斯说：“我一直以为吴健雄已经得到了诺贝尔奖。在我看来，她是属于那个应该得诺贝尔奖圈子中的人。”

92

袁家骝到了美国，偶尔还拉拉胡琴自娱，初到柏克莱也表演过几次，后来觉得拉琴太浪费时间，为了以科研为主，也就没再多花精力。不过家中有时朋友聚会，他偶尔还是表演一段胡琴。

93

著名科学家谢希德讲：“吴健雄还有一个美满的家庭，她的丈夫袁家骝博士也是一位资深的科学家，他对健雄女士百般照顾，说明每一个成功的女性，背后都有一个关心体贴的丈夫，反之亦然。”

94

1954年吴健雄在中央大学时的老朋友、画家孙多慈到美国举办画展，画展结束，吴健雄来到她的住处，强迫她将行李搬到她家中。孙多慈说："那时天气正热，我正住在一个教会修女所办的女生宿舍中，膳宿较廉。一间小室，仅容一榻一桌，终日不见阳光，她认为决不能再让我住这样狭小黑暗的小屋中，她给我的却是一间较为宽大且具有浴室的房间，并为我介绍一位在哥伦比亚大学教法文的老太太学习法文，又介绍艺术系的两位教授给我，于是我感觉到好像住在'家'中，并忽然有了一位亲爱的姊姊，如不想念孩子，真是不愿离美国了。"

95

20世纪30年代初，袁家骝和张文裕在燕京大学是要好的同学，俩人先后赴美国留学。二战结束后，袁家骝在美国普林斯顿从事研究工作，而张文裕先生也在那里任职，两人都进行有关宇宙线方面的前沿实验。张文裕1956年回到中国，参加振兴祖国科学事业的工作。1956年7月，张文裕夫妇以新中国首批参加国际会议科学家的身份，赴日内瓦出席第一次西欧核子研究中心高能加速器和π介子物理讨论会。此时的袁家骝也在这里访问，他们的相聚再一次加强了联系。袁家骝后来在给朋友的信中表示："这是我们三个人一次幸福的团聚。听到中国发生的变化，了解到我们共同的朋友在祖国的一些消息，我感到非常地高兴。我相信，这一机会可能标志着西方科学家和新中国科学家之间的第一次直接接触。"

96

吴健雄还获得美国国家科学院5年一次的"康士托克

吴健雄（左二）于1958年与杨振宁（右二）、李政道（右一）同获普林斯顿大学荣誉博士。

奖”、白宫颁发的国家科学奖章。另外她还打破美国普林斯顿大学百年传统，在1958年成为第一个获得该校荣誉博士的女性。

97

吴健雄在物理科学上比较重大的贡献有三：一是由1946年二次大战后到50年代中期，在β衰变方面所进行的一连串精密的实验工作，这些工作使她成为研究β衰变的世界权威；二是1956年底，她实验证实了杨振宁和李政道所提出的宇称在弱相互作用中不守恒的想法；三是她领导的实验组，证实了在原子核β衰变中，向量流守恒的理论，这也是由两位诺贝尔物理奖得主提出的。

98

和吴健雄有过相当密切合作的中国科学家杨振宁、李政道，和包括拉比、塞格瑞、史坦伯格、李德曼、阮姆西、奥本海默、威尔森在内的诺贝尔奖得主和大科学家都以为，吴健雄杰出的物理成就，足够使她得到诺贝尔奖。

99

多位外籍诺贝尔奖得主说，吴健雄对人类物理科学的贡献，甚至比居里夫人还大。

100

吴健雄由于在物理科学上的杰出贡献，她在美国还享有“物理研究的第一女士”、“核子研究的女王”、以及“世界最杰出女性实验物理学家”的称誉。

101

吴健雄的老师塞格瑞说：“这三位中国物理学家的成就显现出，如果中国这个伟大的国家，恢复其作为一个世界文明领导者的历史角色之后，可能对物理作出的贡献，将会像早期欧洲旅行者目击当时中国的光辉文明，同样地令人惊讶不已。”

102

在吴健雄办公室的墙上，挂着两幅照片，一幅是大科学家爱因斯坦的照片，另一幅是1958年普林斯顿大学颁给她的荣誉博士证书。

103

1958年6月，袁家骝、吴健雄带着未满12岁的儿子袁伟承乘坐法国客轮“自由号”横越大西洋到了欧洲，然后乘小客轮在瑞士、法国、比利时和德国旅游和访问。8月，他们在瑞士日内瓦住了下来，袁家骝在日内瓦著名的高能物理实验室——欧洲核（粒子）物理研究中心工作。

104

1964年10月，在麻省理工学院举行的“女性和科学专业”会议上，吴健雄在演讲中，一开始便引述捐资创建美国瓦撒女子学院的瓦撒100年前的话语：“女性由于和男性同样承受了造物者所赋予的智能，因此对于世界科学和文化的进步，她们也应该与男性有着同等的权利和责任。”她为此阐述：“美国女子教育创建者在一个多世纪前的这种哲学思维，百多年来只有很少的进展。这到底是什么原因造成的？我十分怀疑，任何一个思想开放的人，会真的相信女性不具备科学和技术方面智能的那种错误论点。我也不以为，社会和经济的因素是阻止女性加入科学和技术领域的真正障碍。”

105

吴健雄在接受媒体采访时说：“在美国有一种错误的看法，认为女性科学家都是邋遢的老处女。这是男人的错。在中国社会中，一个女人是由她的表现来衡量的，男人鼓励她们成就事业，而她们并不会因此改变自己是一个女性的特质。”

106

吴健雄说：“为什么我们不鼓励更多的女性念科学呢？造成只有少数女性进科学领域的原因，是因为许多女孩子对科学的不感兴趣，而这又与幼年期对男孩和女孩的不同教养方式有关。不利的社会风气和心理障碍正是问题的根本。”

107

吴健雄认为，要消除这种科学专业和照料家庭的冲突，有许多办法。她以为夫妻共同来分担家庭的工作，是解决问题的方式之一。另外一个重要的因素，在于丈夫是否足够尊重他们太太的兴趣，并且是否足够的体贴，愿意减轻他们太太的负担，并且关心她们。

108

吴健雄的成功，有一半归功于她的丈夫袁家骝。袁家骝十分体谅和配合她投身科学工作，他自己是一个高能物理学家，后来主要的工作是在高能加速器方面，和吴健雄在不同的科学领域，成就也不如吴健雄那般的杰出。但是他们的老朋友说，袁家骝作为丈夫，数十年如一日的体谅和支持，这是一件很不容易的事。

109

袁家骝、吴健雄的好友都对袁家骝的谦和体谅印象深刻。在个性上，吴健雄确实比较强些，年轻时由于成就过人，自然也就更加自信和决断一些，许多事情是吴健雄作主，袁家骝十分配合。

110

在家中的事务方面，由于吴健雄的实验工作一直是由早到晚地忙，袁家骝自然负担了许多的家务。不过吴健雄自己有空时也亲自操持家务，有时宴客或居家时也会下厨做菜，一些朋友尝过她的手艺也都颇为赞赏。

111

吴健雄说："我总是有大量的东西要看，同时还得写信以及处理与我研究工作相关的其他事情。我有一个很体谅的丈夫，他也是一个物理学家。我想如果可以让他回到他的工作中不受打扰，他一定会很高兴的。”

112

对于唯一的儿子袁伟承，吴健雄由于工作繁忙，自然不能长时间的陪伴照顾他。儿子小的时候在普林斯顿和纽约时，都有一位保姆照料他。进小学的头一年，是在袁家骝工作的长岛布鲁克海文国家实验室附近一个寄宿学校，每个礼拜一上午，袁家骝由纽约市家中出发，坐两个多小时的火车送他去学校，到周五下午再接儿子回到纽约市。通常他们会先到离家不远的哥伦比亚大学实验室，等吴健雄一块回家，袁家骝也会在实验室中，帮助她和学生在实验上的工作。

113

儿子在小学第三年回到纽约市，进入曼哈顿区的一所私立小学，虽然和吴健雄同住，但是由于母亲很忙，平时很难有时间去照顾他。吴健雄在给友人的信中说儿子很乖，会自己做功课和照顾自己，不过有时还是会打电话到实验室，说他的肚子很饿，央求她回去。吴健雄只有在电话中说她现在正忙着，晚一点才能回去，让孩子自己开意大利面的罐头来吃。

114

袁家骝、吴健雄的儿子如今也成为一位物理学家，他还记得自己料理吃饭的童年生活。袁家骝夫妇对儿子的关心是整体性的，不会事事盯着，察看做不做功课，使儿子没有自己的发展空间。

115

吴健雄认为，对于一个全心投入科学研究事业的科学家来说，孩子无可避免会带来一些干扰。她经常对学生说，结婚后如果有了孩子，一定要找一个好的保姆来照料，千万不要因此放弃了科学研究工作。

116

著名建筑师贝聿铭说，吴健雄不涂胭脂不擦粉，似乎是老式的中国女性，其实你与她一谈起来，才知道她脑筋新得很，什么最新的东西她都知道。

117

有一回吴健雄出席美国国家科学基金会的一个委员会议，会中有一位男士称呼她为“袁教授”，她立刻更正说："我是吴教授和袁太太。"她在提供资料给哥伦比亚大学公众信息部门所附信件上，说她比较喜欢被称为教授，而不是夫人。

118

1956年，袁家骝受当时台湾清华大学校长梅贻琦的邀请，到台湾为台湾清华大学筹设原子科学研究所和原子反应堆之事提供建议。他后来在1959年获选为台湾"中研院"第三届院士。

119

袁家骝1956年7月19日到了台湾，在机场迎接他的便是台湾清华大学校长梅贻琦。第二天，台湾媒体报道了袁家骝来访消息，并且以"饮誉国际，原子奇才"为标题刊出专稿。

120

袁家骝此次到台湾，停留了相当长的时间，除了和梅贻琦校长讨论设立原子反应堆之事，还由梅校长陪同到日月潭和蒋介石见面谈话。蒋介石和袁家骝见面的目的，主要是征询袁家骝对于台湾发展原子弹的意见。袁家骝向蒋介石建议不宜进行这个计划。主要因为这种计划花钱很多，而且不达一定数量也未必有用。所以他建议改做原子能的和平用途发展。他向台湾清华大学提供意见筹建的原子反应堆，正是为着教学和放射性同位素制造等和平用途。

121

台湾“中研院”院士任之恭先生，从袁家骝处得知蒋介石谈起制造原子弹之事，曾劝袁家骝不要碰这个事。

122

1957年2月4日，纽约市的华美协会为吴健雄、杨振宁、李政道三位科学家举行欢迎会，胡适应邀在会上讲话。他说吴健雄是他在中国公学的学生，他以有吴健雄这样出众的学生为荣。胡适还说杨振宁、李政道皆出身西南联大，北京大学是西南联大一份子，杨振宁的父亲、数学家杨武之是他的老朋友，使他感到光荣高兴。胡适也说起北大物理教授吴大猷提拔李政道，并由西南联大二年级直送他入芝加哥大学研究院。胡适说，这是中国教育史上最美的一个故事。

吴健雄讲，很感谢胡先生过去对她的指导，并说到这次研究结果，并没有什么特别地方，不过是根据胡先生平日提倡“大胆假设，小心求证”之科学方法。

123

1959年3月12日，吴健雄和杨振宁、李政道、吴大猷四人，联名发了电报，给当时在台湾任“中研院”院长的胡适，对于麻省理工学院著名物理教授黄克孙岳父母沈志明夫妻的被捕，表示震惊和失望，并希望胡适帮忙使其立即得到公正的调查。胡适对这件政治事务立即有了处置，沈志明夫妇不久就被交保。

124

1960年9月，台湾爆发《自由中国》杂志创办人雷震被捕事件。《自由中国》是当时台湾颇具影响力的一份自由主义的代表刊物，后来雷震等人筹组反对党，并在杂志上发表“反攻无望论”。雷震案发生后，海内外华人非常关切，吴健雄通过胡适吁请释放雷震。

125

袁家骝、吴健雄一同到台湾是在1962年2月间，出席台湾第五届“中研院”院士会议，这也是吴健雄离开中国

20多年之后，头一次回到中国土地上。而这个行程，吴健雄与老师胡适在1957年当选“中研院”的院长并到台湾长住和工作，有着密切关系。

126

1959年5月1日，吴健雄给老师胡适写了一封信，其中一段是：

几星期以前在整理旧物时，翻到我在西部做学生时您给我的信件，有一封是我刚从中国来到西岸后不久时你给我的信。信中对我诱掖奖导，竭尽鼓励，使人铭感。所以我把他翻印出来特地寄奉，不知老师还记得否？我一生受我父亲和您的影响最大，可惜我父亲在今年正月三日在上海故世，家兄健英亦在去年六月去世，从此生死永别，言念及此，肝肠寸断，泪不自禁矣。

这封信在胡适先生去世后，吴健雄将信赠送给了胡适夫人，现存胡适纪念馆中。

127

1962年2月22日，袁家骝、吴健雄到台湾出席“中研院”第五次院士会议，吴健雄这位女性科学家，引起了蒋介石和蒋夫人的兴趣，胡适在那年2月8日在蒋介石的士林官邸午餐时，曾口头报告院士会之事，蒋夫人宋美龄对吴健雄的到来特别感兴趣，对胡适说："务必带她来见我。"

128

袁家骝、吴健雄飞抵台北松山机场，由接待人员送至皇后饭店，安顿好行李之后，立即赶赴胡适居所去探望。吴大猷已在胡适宅中座谈，吴健雄和吴大猷开玩笑说："你是饶毓泰先生的学生，饶毓泰和我都是胡先生的学生，在辈分上来说，你应该喊我'师叔'的。"说得大家哈哈大笑。

129

吴健雄作了两场学术演讲：一是在台湾大学讲她举世闻名的"宇称律"实验发展经过；一是在台湾清华大学讲"穆斯堡尔效应"。袁家骝应邀在台湾大学做"高能物理的发展"演讲。

130

1962年2月24日，"中研院"举行院士会议，上午选举院士，下午一个酒会，胡适站在那里和一些人打招呼，忽然面色苍白，向后仰身倒下，后脑碰到桌沿摔在地上。一代大师胡适，竟在这个场合里因心脏病突发去世。袁家骝、吴健雄亲眼看到胡适去世，悲痛万分。

131

著名物理学家浦大邦讲："我们可以说，吴健雄得到了诺贝尔奖以外所有重要的大奖。"

132

吴健雄获得了嘉新文化基金会颁发的奖状和金质奖章，奖章一面是孔子讲学图，另一面是最早的中国女科学家嫘祖画像，另外还有新台币40万元（美金一万元外币支票）奖金。

133

吴健雄在获奖后，发表了"加强科学教育，发展科学研究"的演讲，讲述她"宇称不守恒"实验的内容和过程，也提到她前一年才刚刚完成的"向量流守恒"的实验。她说："我生活简单，日常费用很少，我想将全部奖金用在鼓励国内学术的用途上，这不是更符合嘉新文化基金的'取之于社会，用之于社会'的本旨吗？"基金会董事长王云五对吴健雄此举十分赞佩："这种取之于文化，用之于文化，必然会对中国的文化，发生深远而有意义的影响。"

134

袁家骝、吴健雄在1961和1963年，出版了两人合著的《实验物理学方法》；另外袁家骝在1964年曾出版《物质的本性，高能物理学的目的》；吴健雄则在1966年和另一位理论物理学家莫兹考斯基合著出版了《β衰变》一书。

135

袁家骝早期从事高空宇宙线研究，就得到过一项重要的成绩。后来从事高能加速器高频系统制造，并进行高能实验工作。"穿越辐射"的研究是他的一项成果。

136

袁家骝、吴健雄这次台湾之行，一共停留了14天，除领奖和讲学外，也到各地游览，返回美国前，在机场袁家骝宣读了吴健雄写的一份书面谈话，对在艰苦环境中努力工作的台湾科研人员表示钦佩，并希望能改善他们的待遇。

137

袁家骝、吴健雄几次赴台，时任台湾“国防部长”的蒋经国，都特别去他们下榻处拜望。第二次他们回美时，蒋经国特别到松山机场送行。蒋经国说，过去台湾人才不多，现在公费留学考试放榜，录取的人才7个中有6个本省人，使他非常高兴。蒋经国的谈话，使袁家骝、吴健雄都感觉他很有眼光，也对他印象深刻。

138

袁家骝、吴健雄再到台湾，是在1965年的7月，这是由于台湾嘉新水泥公司设立的嘉新文化基金会将吴健雄选为嘉新特殊贡献奖的首届得主。他们到达台北后，立即驱车到南港胡适墓园，向最敬重的老师致意，对吴健雄来说，这件事或许比她回来领奖更为重要。

139

1964年，一条重要的消息给她带来了希望，杨振宁与他父母亲及弟妹在香港见面了。吴健雄看到报上刊出这条消息，就与袁家骝讨论，认为这不是杨振宁一家的私事，而是一个信号，说明中美两国之间的铁壁铜墙开始有点松动了。我们不能回大陆，但是可以去香港呀，如果我们能和亲人在香港见面，不也可聊补我们回乡的心愿吗？

1965年2月6日，由袁家骝执笔，给吴健雄的弟弟吴健豪写了一封信："去岁年底，杨振宁先生曾去香港和他的父母兄妹在那里团聚了一两个星期。我和健雄商议，希望您能伴同琢之叔（吴琢之，吴家人叫他'小伯'）在今年暑期间，去香港游览两个星期，届时我们在香港等候你们。这样不但健雄可以骨肉团圆，重叙旧欢，我也可以乘这个机会同您相见。至于办理手续问题，我们这里去香港不是问题，您那方面需要请您和琢之叔，向国内当局申请短期出国证书，申请理由是你们和健雄离别，已将三十年没有见面了……"

140

吴健豪接到姐夫袁家骝的信后，立即向他所工作的城市河南郑州市政协领导作了汇报，并写了一份去香港与姐姐会面的申请，此事引起了各级领导的高度重视。1965年5月11日，河南省委统战部部长刘鸿文跟他谈话，决定由郑州市委书记牛万里与市委统战部长朱翔开陪同前去。吴健豪觉得，能得到领导如此信任和重视，心中非常感激。

141

1965年6月9日，吴健雄收到弟弟的来信，得知一切顺利，大家即将可以在香港见面了。袁家骝则托在港的堂弟袁家麟办理担保手续，并汇寄了他们赴港的费用。还告知他们将于7月5日离美，7日到香港，15日离开香港，这样，可以有一个多星期的相聚时间。为了这次极其难得的相聚机会，吴健雄还在信中特别告诉吴健豪，一定要严格保守秘密，切不可以外传，因为只要稍不留神，外界得到消息，我们就会不得片刻安宁，各方人士和媒体都会找来，我们相聚的时间就会被挤掉。她还关照说，要照顾好已经行走不便的叔叔，要保证他平平安安地进入香港……她把所有该想到的事情都想到了。

142

1965年，袁家骝、吴健雄到台湾前，和她的叔父吴琢之和弟弟吴健豪等在香港见面。这个时候，吴健雄的父亲、母亲、哥哥吴健英都已病逝，所以叔叔和弟弟是她仅有的至爱亲人。她和叔叔已有近30年没有见面，她叔叔早几年因骑脚踏车时跌倒而受创，所以这次到香港已是不能行动的病人。

143

吴健豪夫妇与叔叔吴琢之如约与姐姐、姐夫同一天到达香港。上午10点，吴健雄一声颤抖的“小伯——”，把大家的思绪一下子拉回到30年前。她先是伸手搀扶住年迈的叔叔，向老人家问好，回头又与吴健豪夫妇紧紧拥抱。叔叔叫她小名“薇薇”，吴健豪夫妇叫她“薇姐”，这样的称呼她几十年没听见了。大家都忍不住流下了热泪。这是弟媳江汉贞第一次见到姐姐吴健雄，姐姐对她说的第一句话竟是：“汉贞，您辛苦了！”

吴琢之望着几十年不见的亲侄女，由小姑娘变成了中老年，眼圈红了，一时说不出话来。还是袁家骝挑起了话头：“小伯，您还记得当年您来美国看我们的情景吗？当年您豪气万丈，西装革履，到美国考察交通，顺便来加州看看健雄，就是我带您去找您侄女的，您还记得吗？”吴健雄似乎还在梦中，无限感慨地说：“我都不敢相信，你们这么快就过来了，我们不是在做梦吧？”

谈起大家这些年各自的情况，吴健雄问得最多的是父母亲的晚年生活和逝世的情况。当谈到父亲晚年患有心脏病，而母亲则因高血压而中风，竟卧床十年时，她非常难过，不停地流泪，又为自己没能在老人身边服侍汤药、当面叫一声爸、妈而遗恨无穷。她知道，弟弟吴健豪在河南郑州工作，每年只有春节过年时才能回上海短期团聚，日常家务，包括照顾老人、教育孩子，主要由弟媳江汉贞来担当，她几次紧紧地拥抱着江汉贞，在她耳边深情地说："谢谢您！谢谢您！"

吴健豪没有忘记领导上关照的任务，尽可能地向姐姐介绍了他所知道的国内建设情况，说明国家正期待着她回国参加建设，而且归国华侨，尤其是知识分子，凡是回国参加建设的都受到了重用和礼遇。吴健雄夫妇非常认真地听吴健豪的介绍，不时地点点头，但是他们眼下的工作还很多，而国内还不具备她的科研工作所需的设备条件，所以回国之事眼下还不能说定。

144

一个星期的时间过得飞快，大家总有说不完的话，叙不完的旧。吴健雄的叔叔已70岁，身体欠佳，自感来日无多，老人家望着他最关爱的侄女，不无伤感地说："这次见面后，恐怕以后就见不着了。我这把老骨头不行了……"每当叔叔说这些话时，吴健雄就依在他身边百般地安慰、劝说，希望老人能乐观些。吴健豪也就趁机劝说姐姐："今后只能盼望姐姐、姐夫早日回国看看了，我们才能见面啊！"

145

谁也无法预料的是，他们在香港会面后的第二年就爆发了十年“文革”。正如吴健雄叔叔所预言，他与侄女见的是最后一面，1967年，他在运动中被迫害致死。更不幸的是吴健豪，他在叔叔去世的第二年，即1968年，也被造反派迫害致死，年仅49岁。

146

1970年左右，吴健雄开始利用一种原子核物理新技术来研究为黑人治病。她说，“居住和工作在美国最大黑人社区的边缘，当我们得知那些镰刀型贫血症患者受苦的困境，心中万分地关切。”她领导一群研究者，与纽约圣路克医学中心合作。他们的研究取得了一些成果，1971年已预防和治疗了25个病例。吴健雄说：“这种形态的研究显现出，纵使是最先进以及看起来最遥不可及的基础原子核物理研究，也会对人类的福祉带来助益。”

147

1971年美国国家安全顾问基辛格秘密访华，并为1972年总统尼克松的访华作安排。在海外的著名中国学者中，诺贝尔奖得主杨振宁是头一个回大陆访问的。他在1971年春天看出冻结了21年的中美关系，显现出解冻迹象，也认识到这个回家的机会，还可能因一些变化因素而重新关闭。因此他就在1971年7月，到大陆停留了四个星期，回美国后在好几个会议上，报告他的大陆观感，对袁家骝、吴健雄产生了重要影响。

148

1971年10月美国纽约市出版的《纽约》杂志，刊选出纽约中国社区的杰出名人，吴健雄和杨振宁、贝聿铭、顾维钧、李政道、董浩云等人一齐列名。

149

“穿越辐射”最早是一位俄国物理学家提出理论说明这种现象，后来在高能加速器上，也观察到了这种高能粒子，在穿过不同物质产生的辐射，引起许多实验物理科学家的兴趣。袁家骝在这方面做了许多工作，取得了不错的成绩。1972年他将当时所做的有关“穿越辐射”的论文，寄给诺贝尔物理奖获得者阿瓦瑞兹。阿瓦瑞兹在物理学界以其天资出众并在多方面都有发明著称，是一个自视甚高的大物理学家。他在接到袁家骝寄去的信函论文之后，在回信中，说他过去不相信“穿越辐射”，但是看了袁家骝的论文，才相信这个现象在物理科学中的重要性，为此而盛赞袁家骝的工作。

150

袁家骝、吴健雄为了儿子袁伟承高中毕业后的发展，曾要杨振宁去和他谈谈未来的选择。杨振宁对袁伟承说，看未来的趋势，加上父母都是做物理的，建议他可考虑改念生物科学，并且可以离开纽约到耶鲁或其他学校去。

结果袁伟承还是进了在纽约的哥伦比亚大学，念的也是物理。据袁伟承说，主要是因为他的朋友都在纽约。他于1963年进入哥伦比亚大学，后来跟随诺贝尔奖获得者李德曼教授做博士论文研究。

151

袁伟承1974年结婚，并在1978年生下女儿婕塔。吴健雄对孙女十分疼爱，有一次向一位外国老友说起，她在家中如何和孙女趴在地上玩耍，听得那位老友大为意外。

152

1972年11月，新中国第一个科学家访问团到美国访问，这次访问主要是杨振宁安排的，除了访问他所在的纽约州立大学，也到了哥伦比亚大学参观吴健雄举世闻名的原子核物理实验室。访问团的团长张文裕是吴健雄在普林斯顿大学时代的老朋友，两人会面相谈甚欢。

153

1972年11月6日，中国科学家和工程师代表团到达瑞士，参观核设备及器械展览会。袁家骝也在那里访问，并陪同中国代表团参观西欧核子研究中心。4天后，袁家骝以西欧核子研究中心代表的身份，出席了中国驻瑞士大使

袁家骝在美国欢迎来访的中国科学家。

举行的招待会。席间，他与中国大使和代表团团长进行了推心置腹的长谈。11月13日，袁家骝给西欧核子研究中心副所长写信，告诉他中国大使和代表团特别热诚与友好，还说自己代表西欧核子研究中心欢迎中国科学家来此访问交流，或合作一段时间。中国大使和代表团对此极为称赞，表示将他们的友好邀请转告中国政府。

154

1972年美国总统尼克松划时代的“破冰之旅”之后，虽然中美双方尚未正式建交，鉴于在美华侨已经20多年没能见到大陆的亲人了，就先安排了300名知名人士先行返乡探亲，袁家骝、吴健雄也在300人之内。获得这个消息之后，吴健雄按捺不住内心的激动，提笔给弟媳江汉贞写信：“我们到达上海后，家骝和我要去双亲的墓前致敬，我希望能约齐了婶娘和你一起去龙华公墓致祭，双亲泉下有知，看见他们心疼的这一大群人，也可以安慰于九泉。在上海，让这些亲友和我住在同一旅馆内，我们可以朝夕相聚。据说叔父和健豪的骨灰尚未入土，不知在双亲坟墓附近有空地安葬否？”此时的吴健雄还不知道她父母的坟在“文革”初已经被破坏了。

155

袁家骝、吴健雄1973年9月22日到达广州，然后再到上海，并回到吴健雄浏河的老家。离家37年的吴健雄，回来面对的是父母双亡，兄长去世，而前些年在香港见了一面的叔叔和弟弟，也在“文革”中遭迫害死亡，连父母的墓也遭到毁坏，无法祭拜，袁家骝、吴健雄十分悲痛。

156

袁家骝、吴健雄的这趟故乡之旅，还到了杭州、天津、北京，也回了袁家骝的老家河南安阳，之后又到郑州、洛阳、西安和延安，又去昆明、长沙、桂林等地游览，一共停留了53天。

157

在这一次归乡之旅中，他们看望了许多亲朋好友，也感受到那时“文革”末期的奇特气氛，他们的一些好友受到许多磨难，也不能公开表现出感情，袁家骝和亲妹妹袁家祉在天津的见面，也是强忍辛酸，到了饭店卧室才敢抱头痛哭。

158

1973年9月28日，中国著名物理学家卢鹤绂院士在上海复旦大学接待袁家骝和夫人吴健雄，并主持了袁家骝、吴健雄夫妇的学术演讲会和座谈会。通过与国内科学家广泛地接触，袁家骝加深了对新中国的了解。他回到西欧核子研究中心后，马上向该所所长提出了向中国提供核物理研究设备的建议。第二年，经过他的不懈努力，一批核物理实验设备得到批准后运至中国原子能研究所。由此，正式拉开了西欧与中国在核物理、高能物理研究领域广泛合作的序幕。

159

1973年，袁家骝、吴健雄回到江苏太仓浏河镇的老家，在浏河，吴健雄专程去探望了她的奶奶，奶奶还特意给吴健雄准备了她孩提时喜欢吃的“芦粟”。

令她非常欣慰的是，在她的家乡太仓浏河镇，她父亲亲手创办的明德学校还在，而且，当年老人家亲手种下的那棵紫薇树也还活着，她当年常和伙伴们在树下读书、玩耍，当地老百姓都还记得她父亲省吃俭用、积钱办学的事迹。他们夫妇兴致勃勃地来到浏河镇参观了目前的明德学校，并亲自与县领导和校领导细细谋划学校的未来。

回到母校那天，在浏河学校门口，一抬头就看到的是毛主席的巨幅题词："好好学习，天天向上"。走进校园，一旁是迎接国庆的巨幅黑板报；一旁是从《人民画报》上摘剪下来，反映祖国建设成就的彩色图片的画廊。他俩都很有兴趣地看着，从神情中透露出对祖国、对家乡、对母校的热爱。

在最后一排教室的后面有座很小的土山——显佑山，吴健雄兴致勃勃地对袁家骝说："这座山我小时候常爬，爬到顶上可以看到从长江进来的帆船。"袁家骝风趣地说："那你再爬呀！"吴健雄说："现在爬不动了！"

接着他俩参观了吴仲裔先生所辟的艺芳园，内有紫薇树、显佑亭、小竹林等景致。紫薇是吴健雄的小名，紫薇树是她平生最爱的树，这时，吴健雄愉快地谈笑，好像回到了童年。

160

吴健雄此次回国，还寻访母校中央大学。她到学校的第一件事就是去探望六朝松。校园西北角的这棵千年古松曾是她昔时求学的见证。之后，她又多次回到母校，与学校各方共商发展大计。吴健雄、袁家骝设立"吴健雄袁家骝奖”，以奖励年轻有为的教师。

161

1973年10月，周恩来总理在人民大会堂安徽厅设宴招待袁家骝、吴健雄夫妇，并把他们的一些老同学、老朋友一起请来，他们中有钱学森、张文裕、周培源、钱三强、卢嘉锡等。

袁家骝、吴健雄被安排在周总理左右两边，周总理一边不断地往他们盘子里夹菜，一边谈笑风生，一下子化解了他们事先的拘束感，当谈到一些当时的敏感问题时，周总理毫不避讳事实，总是推心置腹地耐心向他们解释，并要他们向前看，目前的一些困难都会过去的。吴健雄不由自主地问起了造反派为什么要挖祖坟的事。显然，周总理已经知道了她家的遭遇，对她说：“您父母亲的坟墓，我已经叫人查过，确因上海市政建设需要而就地深埋了，我已请他们考虑有无补救的办法，这样可以使您以后回来有一祭拜的地方。”

自然，周总理也知道了吴琢之、吴健豪被造反派迫害致死的情况，沉默了一会儿，总理心情沉重地说了一段令吴健雄终生难忘的话：“之前，我没有知道您家的变故，等知道已经迟了。这是全国性的运动呀，我的亲戚也受到了冲击……”说到这里，总理对吴健雄微微欠了欠身子，感慨万分：“真是对不起得很啊……”吴健雄感动得眼泪夺眶而出，连连说：“总理啊，您抱病要处理那么多国家大事，这么大的运动，谁家能躲得过？我不该提这事，事情已经过去了，总理教育得对，一切要向前看，向前看！”

后来吴健雄每当跟亲友们谈起周总理的这段谈话时，眼睛里总是闪着泪光，她也劝慰大家，过去的已经过去了，大家要向前看，要面向世界，面向未来！

162

周总理向袁家骝说：“你们袁家出了三个‘家’：政治家袁世凯，文学家袁克文，科学家袁家骝。”并笑着说：“你们袁家一代比一代进步。”周总理还向袁家骝夫妇赠送了一幅齐白石的山水画。对书画颇有研究的袁家骝夫妇连声称赞：“好画！好画！”袁家骝说：“看到这幅画让我想到家乡项城的汝阳刘毛笔来。我的祖父和父亲都喜欢用。我青少年时代在国内读书时也经常使用，可惜出国后再也没有用过。”为实现袁家骝的心愿，周总理指示国务院办公厅与河南省革命委员会联系，让汝阳刘笔厂立即赶制一批毛笔送到北京。经过两天两夜的赶制加工，使袁家骝如愿以偿，回美国之前拿到了汝阳刘毛笔。

163

吴健雄的侄子吴肃回忆说："我小时候与爷爷、奶奶一起生活的时候，经常听他们谈起许多关于姑妈勤奋学习的事和她在科学上取得的成就。记得1957年1月的一天早上，当爷爷打开当天的上海《解放日报》，看到了有关姑妈用实验证明李政道、杨振宁教授提出的"宇称不守恒定律"的特大新闻时，年过七旬的爷爷和因中风瘫痪卧床多年的奶奶，热泪盈眶、悲喜交集，又思念起远在海外、20年未见面的女儿。所以，我很小的时候就知道，我有一位很了不起的姑妈。

50年代末，我爷爷、奶奶和大伯相继去世，后来父亲也离我而去。1973年，姑妈第一次回到阔别37年的祖国大陆时，面对我们这些从未见过面的小辈，她的悲哀心情可想而知。我与姑妈的第一次见面是在迎接她的上海北站候车室里，她拉着我的手说：'你长得和凤弟（我父亲的小名）一模一样，当年我出国时凤弟就是像你现在这样年轻、意气风发。'也许是因为我酷像她疼爱的弟弟，勾起了她许多美好的童年回忆，姑妈对我特别关爱。"

164

在“文革”中，袁家骝的胞妹袁家祉靠做临时工、洗衣服养家糊口，她那间破烂不堪的房子，已经历过无数次抄家；她还落下一个毛病，一听见口号声就会神经质地发抖。有一天，她接到哥哥袁家骝要回国探亲的电报，躲回低矮的房子里仔细端详，眼泪扑簌簌往下掉。袁家骝刚到北京，就有人上门来规定了几条纪律：不准议论时事政治，不准把袁家骝带进这间破房子，到车站接站时全家人都要穿新衣服，见了面不准哭，要面带笑容等等。袁家祉连连点头，赶紧找人借钱，给孩子们扯布做了新衣服。

165

袁家骝的堂妹袁家倜的父亲是袁克端，母亲是天津最有名望的大盐商何仲瑾的女儿，当时何家在天津仅出租的瓦房就有几千间。袁家倜上学的时候，8点上课，送她的汽车7点50到校，一直开到教室门口。她到上初中时都不会买东西，而是由女性长辈领着，身后跟着保姆、保镖，到百货公司看好货品，就有车送到府上。“文革”中她在农村一呆8年，锻炼得能把捏不拢的散窝窝头和着野菜吃，40斤的一麻袋土豆背起来就走。1973年袁家骝的归来，不仅带来核物理的讯息，也给“家”字辈人带来翻身的机会。根据周总理的批示，袁世凯第三代后人陆续回原籍，落实政策。

166

吴健雄在1975年成为美国物理学会的会长。了解美国科学界的人都会知道，她的获选是非同寻常的大事。因为美国科学界向来是一个男性主宰的群体，美国物理学会会长一职一直都是由男性白种人担任，从无例外。吴健雄是一位女性，又有中国的血统，可以说是完全打破了美国物

吴健雄担任美国物理学会会长时摄。

理学会长久以来的规矩。她成为美国物理学会有史以来第一位女性会长。

167

1975年10月31日，吴健雄以美国物理学会会长身份，写信给当时的美国总统福特，向他说明基础科学研究的重要，并要求总统不要因为当时经济上的压力，而削减需要长期稳定支持的科学研究经费。

168

吴健雄在一次“物理中的女性”讨论会上说，有人也许要问，如果有更多的女性受到鼓励来从事科学工作，对社会更有裨益吗？她讲，男人一直主宰着科学和技术的领域。看看我们处身于如何一个糟糕的环境！他们已将我们带到环境毁灭的边缘，空气污染，湖泊、河流、海洋都遭到污染。女性的观点和对人的关怀，也许正是我们社会所需要的。她说，如果有更多女性从事科学工作，世界将会是更快乐和安全的生存之地。

169

1975年一个中国科学访问团到美国访问，团长是袁家骝在加州理工学院的老朋友卢嘉锡，那时候卢嘉锡是中国科学学院的院长，团员中还有中国固态物理学家黄昆。吴健雄发挥了作为美国物理学会会长的影响力，使这一次的访问相当成功。

170

1976年吴健雄获得由美国白宫颁发的1975年国家科学奖章，这是在科学方面最具代表性的国家最高荣誉，1976年10月18日在白宫由福特总统颁奖。

吴健雄在白宫获颁国家科学奖时被引导入场。

171

吴健雄没有获得诺贝尔奖，却得到其他许多的殊荣，其中最具代表性的，是由以色列一位工业家设立的“沃尔夫奖”。1978年2月间，沃尔夫基金会组织，发信告知吴健雄，她成为第一届沃尔夫物理奖的得主。沃尔夫奖和诺贝尔奖一样，有一笔奖金，金额十万美金。由于他们奖金的写法十分奇特，将十万美元写成US$100.000，很容易让人误以为是100美元。所以吴健雄开玩笑地说：“我可不会为了100美元，老远地跑到以色列去领奖。”

172

袁家骝、吴健雄家的客厅里，挂着中国画家的国画，书架上有许多中国古书。他们特别喜欢纽约的中国餐馆，像中国城中的“三六九”、百老汇大道上的“全家福”，以及哥伦比亚大学附近的“月宫”，他们与那些老板都很熟。

173

客厅中的茶几上，有一个台湾大理石的石头圆盘，圆盘中用清水养着几块石头，是南京雨花台的红石。吴健雄曾对朋友说：“我们流落异邦，无论如何成家立业，心中免不了怅惘。”

174

1977年10月7日，卢鹤绂院士以老同学、老朋友的身份，出席锦江饭店宴请袁家骝、吴健雄及其儿子和儿媳的招待会，就科学与合作问题进行了广泛的探讨。1979年，袁家骝作为美方正式成员，参加了在北京举行的第一次中美高能物理会谈。此后，他多次应邀归国访问，非常关心中国核物理和高能物理的发展，关心北京正负电子对撞机的研制计划，为中美科学合作做出了积极的特殊的贡献。

1977年袁家骝、吴健雄和儿子伟承、儿媳露西同游长城。

175

1980年张文裕访问欧洲核子研究中心（简称西欧中心），他宣布：中国政府已经正式批准建造50GeV北京质子同步加速器工程，场址选在靠近十三陵的高能物理实验中心。工程未来几年的专项拨款为50亿元人民币。他说，高能所现在的人员为1500人，期望总共增加到2500人。同时初步设想，靠近加速器场址建立一个新的完整的卫星城。至此，由袁家骝参与推动的中国科学家与以西欧中心为代表的世界科学家的交流，进入了一个更高的层面，他为此做出了重要贡献。

1984年袁家骝、吴健雄夫妇访问高能所。

176

吴健雄的弟弟吴健豪、江汉贞夫妇有两个儿子即吴肃与吴煦，他们从小聪明好学，积极上进，但在上世纪六七十年代，由于“文革”，没能进大学深造，或当合同工，或上山下乡当农民。粉碎“四人帮”以后，他们都是年近30岁的人了。他们在姑妈吴健雄、姑父袁家骝的鼓励下，走上了一条新的拼搏之路。1980年，吴肃在姑妈、姑父的资助下来到美国，先补习英语，然后考入纽约市立大学环境保护专业，毕业后在纽约市政部门当工程师。

177

吴肃回忆姑妈、姑父的生活时说：“改革开放后的1980年6月，姑妈资助我去美国留学，同姑妈、姑父住在一起，朝夕相处了三年多。后来我结婚了，搬出去住，但每星期仍会去她那儿三四次，为两位老人做点事，一直到她去世。使我感到欣慰的是，在姑妈生命的最后十几年，我能陪伴在她身边。”

吴肃初到姑妈、姑父家，他惊奇地看到，这两位年近七十的科学巨匠，家中居然没有请保姆，日常生活基本都是自己料理，自己上超市买菜，自己洗刷碗碟，只是在周末请个钟点工打扫一下房间卫生或洗涤一下大件的衣物。他们的一日三餐也非常简单，早餐是麦片牛奶、面包、黄油及果酱；午餐是面条馄饨、馒头或是鸡蛋、肉类加一点青菜；晚上有时打电话到中餐馆叫外卖订菜，然后由吴肃前去买回，三人一起吃，有时候姑妈手头的工作不是很急，就把围裙往腰间一扎，叫吴肃当“小工”，自己动手烧菜。吴健雄会烧很正宗的家乡菜，最拿手的是红烧狮子头、炖鸡汤、炒青菜，还经常自己包馄饨。

家中的台灯插座坏了，一般人的做法是上超市买个新的，而袁家骝不是，他很快找来工具，自己修好再用。吴肃凑上去一看，那插座已经是修过好几次了。更让他吃惊的是，姑父的一条睡裤，竟是用两条旧睡裤拼接起来的。

“有一次他们家中的旧水壶漏水了，我想去替他们买个新的，可是姑父不让，他自己动手用铝丝给水壶打了个补丁，我仔细一看壶底已经有四五个补丁了。姑父冬天穿的睡衣的两袖也是补了又补，穿了近10年。姑妈用自己近百万美元的毕生积蓄成立了以他父亲名字命名的‘（纽约）吴仲裔奖学金基金会’，资助家乡的教育事业，但是自己的生活、花费却如此节俭。有时谈到爷爷超时代的思想和为社会服务的忘我精神时，姑妈不时流露出对爷爷的敬佩和怀念。在谈到回国的观感和家乡现状时，姑妈总嘱咐我，你是我们吴家的后代，要向你爷爷学习，无论你在哪里，一定要关心浏河，帮助家乡的发展。”

178

吴肃很乐意给姑妈当“小工”，他的到来，给两位老人的生活带来了新鲜的活力，平时家中杂务就由他包了，有时从大陆来了朋友，需要陪着到各处走走，也都由吴肃代劳了。由于吴肃长得酷似他的父亲，他在身边，有时吴健雄就觉得是弟弟在身边似的，非常亲切，情感上获得一种难得的慰藉。每次吃过晚饭，吴肃收拾好碗碟，而姑妈、姑父还没有急于去书房的时候，他们二老一小就在餐厅里聊聊天，这往往是吴健雄最愉快的时候。他们有时会聊很多往事，有时会总结一些人生的经验。她曾对吴肃说，一个人的成功有很多因素，但是起码有三条：一是天资聪明，二是个人努力，三是机遇，缺一不可。她说她一生中对她影响最大的有两个人，一是她的父亲吴仲裔，二是她的老师胡适，没有他们的鼓励和指导，可能自己还是中国某个地方的小学教师呢。

179

吴健雄、袁家骝和侄子吴肃谈到他们的后事，吴健雄明确表示她要叶落归根，回故乡浏河。1997年2月16日晚上，她坐在沙发上说是有点头痛，想上床休息了，可是当袁家骝过来搀扶她的时候，她却永远也站不起来了。终年85岁。

180

吴健雄从1936年进入加州大学柏克莱分校，到1980年退休，44年的物理研究生涯，一共发表了近200篇的科学论文。

181

吴健雄44年的科学生涯之中，最为科学界称道的就是她做实验的精确完整。这种风格由她在柏克莱做研究生起步开始，乃至后来在β衰变中一系列重要成果，以及“宇称不守恒”和“向量流守恒”两项举世闻名的实验，都一贯地表现出她无懈可击的精确风格。与她合作过的著名物理学家说，吴健雄是他们所知道的，唯一从来没有做过一个错误实验的物理学家。如果对于实验物理工作有所认识就会知道，一个科学家的一生，实验从不出错，是极不容易的一种成就。

182

曾经做过美国驻意大利大使的鲁斯夫人说："吴博士推翻宇称守恒定律之时，她也同时建立起男性和女性之间的对等定律。人们再也不能说，女性是不能站上科学成就的顶峰的。"

183

《纽约时报》著名科学记者苏利文说，吴健雄是极端的聪明，对于什么是物理上的重要问题，有着很清楚的认识。苏利文曾获普利兹奖，在美国科学界受到很高的评价。

184

在物理科学领域中，实验和理论有着很大不同。吴健雄认为物理学是一门实验科学，一切应以实验为依归。而理论物理学家都是在二十多岁完成了理论创建。著名理论物理学家狄拉克曾经在他的一首诗中，写出理论物理学家的"三十大限"。他的诗写着："年岁无疑是一个降温，每个物理学家必须心怀戒惧，一旦他过了30岁生日，那会是死了比活着更好。"而吴健雄到了57岁还依然领导着物理实验的工作。

185

1981年，吴健雄获得由意大利总统颁授的圣文生文化基金会的“年度女性奖”。

吴健雄接受意大利总统颁奖，并于授奖晚宴后演讲。

吴健雄与意大利总理范法尼夫人晤谈。

186

由于袁家骝、吴健雄等人去了大陆访问，台湾当局很有意见，对这些旅美华裔学人去“匪区”访问反感，于是在“立法院”中有人提议要取消这些人的院士头衔，蒋经国不同意，才没有发生。袁家骝、吴健雄为了避免不必要的困扰，自1965年以后，到1983年之间一直没有再赴台湾访问或开院士会。

187

袁家骝、吴健雄在1981年与台湾“中研院”钱思亮院长座谈，他们建议，应在台湾开始一项同步辐射的科学计划，这促成了1983年3月间袁家骝、吴健雄的赴台之行。那个时候台湾对于应不应做一个同步辐射加速器有争论，袁家骝、吴健雄与蒋经国会面，在谈话中说服了蒋经国，才促使这个科学设施在10年后的完工运转。吴健雄担任同步辐射计划指导委员会成员，袁家骝担任主任委员。

188

1985年10月27日，为庆祝纽约自由女神像100周年所颁发的艾丽丝岛奖章，在全美提名的1.5万名优秀移民中，吴健雄成为获选的80人之一，和她同时获奖的还有世界著名的华裔建筑大师贝聿铭。

189

袁家骝、吴健雄夫妇于1986年9月应中国科学院邀请又一次来华访问。邓小平在人民大会堂接见了他们，并同他们进行了亲切的交谈。这年9月25日，袁家骝应河南省侨办的邀请，回到了他的原籍项城县袁寨村，实现了他在有生之年到祖宗发祥地看看的宿愿。

20世纪80年代邓小平会见袁家骝、吴健雄夫妇。

190

袁家骝的亲戚袁晓林回忆说："我接到电话被告知袁家骝要回项城老家探亲，让我全程陪同。在袁克文的四个儿子中，袁家骝排行第三，我称他'三伯'。

三伯这次回乡探亲，在项城、淮阳都曾挥毫题字。项城的题字是：'项城博物馆'，后被做成匾额悬挂于项城博物馆大门口。淮阳的题字是：'中华文化发祥地'，被刻成石碑立于淮阳县博物馆院内。"

191

袁家骝自1986年回项城探亲到2003年辞世的17年中，他和祖籍项城一直保持着密切联系。离开项城后的1987年3月31日，袁家骝来信告诫亲戚袁晓林："政府当局对于项城袁家子弟们的待遇很是优厚，极是难得，更应努力为国家作些贡献以报万一。"

1986年袁家骝（右）回河南探亲，王仁民陪同考察。

192

袁晓林是这样评价他三伯的："三伯性格宽厚、温和。他和三伯母相濡以沫，恩恩爱爱，被世人传为佳话。

三伯敬重长上，疼爱小辈，待人总是谦恭有礼。三伯和我交谈，很少谈论政治，只鼓励我好好做事，报效国家。”

193

1988年，袁家骝、吴健雄再次回到大陆，在吴健雄老家浏河，出席纪念她父亲吴仲裔先生的百岁冥诞，并且捐出自己多年来工作和获奖所得的部分积蓄，成立了一个吴仲裔基金会，每年用利息的6万元人民币，一部分给明德学校的学生作奖学金，并用于购置图书；一部分则给老师用来提高他们的教学水准，或继续进修。

194

在浩渺的星空有一颗小行星，它的名字叫“吴健雄星”，是1990年中国科学院紫金山天文台以吴健雄的名字命名的。

195

1992年5月中旬，南京大学举办庆贺建校90周年活动，从美国纽约应邀赶来参加庆典活动的袁家骝夫妇，成了人们关注的焦点人物。在南京大学校园，袁家骝夫妇度过为他们举行的祝寿、贺金婚活动。

196

5月24日，他们夫妇回到了吴健雄故乡江苏省太仓县浏河镇。乡亲父老为袁家骝夫妇准备了盛大的祝寿、贺金婚庆典。会场设在吴健雄父亲吴仲裔先生80年前创办的浏河明德中学校园。学校师生以及来自美国、香港、台湾、深圳等地的各界朋友500多人，参加了这次隆重的庆贺活动。

197

5月下旬，袁家骝夫妇赴京参加中国当代物理学家联谊招待会，受到国家领导人接见。中国科学院为这对世人瞩目的夫妻举行祝寿、贺金婚活动。6月上旬，袁家骝夫妇从北京来到东南大学，参加了吴健雄的母校建校90周年大庆系列活动。母校为他们举行了热烈的“贺寿辰、庆金婚”大会。袁家骝做了“科学与人生”的即兴演讲，阐述攀登科学高峰与人生奋斗之苦乐观，博得听众阵阵掌声。

198

袁家骝、吴健雄从1981年起的12年间，支持中国的同步辐射加速器于1993年10月正式启用。

199

吴健雄对前往美国访问的韦钰校长说："东南大学是以工科为底子的，这几年已经有了文科、理科、管理学科和医科，要在这几方面加强发展，朝综合性大学的方向前进。"她对母校每年寄来的校务报告总要认真审阅，提出一些建设性意见。她还对吴健雄实验室的各项研究工作给予高度的关注和支持。

200

1999年，东南大学报请中共中央、国务院批准，在校园内大礼堂西侧建造吴健雄纪念馆，并定于2002年百年校庆时开馆。在美国举行的吴健雄纪念物交接仪式上，年近九旬的袁家骝兴奋地说：把健雄的纪念物送回祖国，由她的母校保存，是我的最大心愿，现在我如愿以偿了！2000年11月5日，首届"吴健雄袁家骝科学讲座"在东南大学开幕，诺贝尔奖获得者、著名物理学家丁肇中博士来到东南大学举行首场演讲。袁家骝不顾年事已高，辗转万里，出席了这次科学讲座开幕式，并实地察看了正在建设中的吴健雄纪念馆。

201

吴健雄对待报导她的文章时说：“我不喜欢曝光，也不喜欢耸动的标题。”她的学生说她在工作上的专心致志，有时几乎到了对其他事全不闻不问的地步。她总是喜欢在自己的实验室中工作，很少出去和别人合作。

202

吴健雄喜好深思、不多言语。她的老朋友张倩英说，吴健雄和人聚会时多半喜欢和几个亲近老友在一起，人多了她就感到窘，也不知要说些什么。

203

在与人谈话时，有时别人正说起一事，吴健雄突然会跳说到另外一件事情上去。袁家骝担心她这样子会得罪人，还特别提醒过她，她也没有改变多少。

204

袁家骝给予吴健雄的配合、支持很大。在工作成就的高峰期，由于忙碌和年轻气盛，吴健雄个性很强，袁家骝对她很体谅和退让，他的脾气和修养令许多朋友佩服。

205

袁家骝是一个言语谦和、处事仔细而有耐心的人，认识袁家骝、吴健雄的多位友人，都一致称赞他温文有节，是一个标准动手型的科学家。平日居家生活，他也经常自己动手整理或装修机具用品。另外他的厨艺也相当不错。

206

在美国物理学界，许多人知道袁家骝的特殊身世，有一年，诺贝尔奖得主阮姆西、葛尔曼等人参加一个委员会，后来到一家中国餐馆吃饭，阮姆西认出餐馆墙上的人像，正是袁世凯。

207

袁家骝很少谈论祖父袁世凯和自己的家世，一是有政治上的压力，二是他与那个大家族的关系很远很淡。有意思的是，吴健雄的父亲、叔父都参加过倒袁的二次革命。

208

比起袁家骝，吴健雄是比较专注于科学的，平日除了看看书之外，可以说没有什么特别的嗜好。他们家中有一些名家字画，大多是别人所赠，吴健雄虽然欣赏但是并没有这方面的赏玩乐趣，对于其他活动的兴致也都不大。

209

吴健雄的一位老朋友曾说，有一回和她在纽约看舞台剧，结果吴健雄在演剧中途就睡着了，朋友也不好意思叫醒她，一直到剧终，她才从掌声中醒来。

210

吴健雄的朋友说，她确实不喜欢去看戏或艺术表演，对文学、戏剧、音乐方面的阅读也比较有限。有一年在柏克莱时代的一个同班同学到纽约来，邀请吴健雄去看舞台剧，还特别买了很出名的舞台剧《猫》的戏票。吴健雄不知道这个戏有名，后来也没有去看。

211

1981年，双双身为台湾“中研院”院士的袁家骝和吴健雄向台湾提出筹建第三代同步辐射加速器的建议。这种加速器被广泛应用到各种科研领域，对科学和技术有极大价值，被称为“科学神灯”。从1981年起的12年间，在他们的全程参与下，同步辐射加速器于1993年10月16日正式启用。这一成果使中国人在这一领域取得了与美国、欧洲在世界鼎足而三、在亚洲第一的地位。在这期间，他们频繁往来于大陆与台湾之间，关怀着北京正负电子对撞机和合肥同步辐射加速器的研制计划，并促成了南京大学等四所高校的学者赴台进行同步辐射加速器的研制与使用的学术交流访问。海峡两岸的高能物理研制成果，处处凝结着他们的智慧和心血。

212

袁家骝、吴健雄的儿子说：“由于母亲是如此成功又出名的科学家，做她的儿子并不容易。”但是父母并不特别给他压力，不会要求他做什么事。

213

有一年袁家骝、吴健雄一同到联合国大厦，参加反对柬埔寨大屠杀的示威游行，对人权问题表示关切。

对于人的基本人权，吴健雄有着一种众生平等的悲悯心怀。她以为一个人的一生时间很短，死了就没有了，因此这个人活着时的人权是最重要的，不能说这一生过得不好，可以等来生再来。

214

吴健雄有一次谈起生死，说年纪小的时候总以为自己不会死，年轻人也感觉不出会有死亡的，慢慢看到许多顶厉害的人，像丘吉尔、艾森豪威尔、奥本海默都一个个故去了，才更领悟到生死的必然。

215

吴健雄在80岁那年说："我今年80岁，想想看，80年很快便过去了。一个人真正能够做事的时候，还是中间的青壮年时期，头上是小孩子，到老了退休，精力也稍差了，也还有老年的困难。因此在青壮年时，应该多努力一下，不要以为来日方长。"

216

1994年底，当时的项城市市长约袁晓林谈话。市长说，市委、政府经过认真分析研究，决定由市财政出资120万元，在市中心露天体育场的位置上建一座高标准的"袁家骝、吴健雄科技馆"（开始酝酿时曾说叫"纪念馆"），目的是扩大项城在外的知名度，也是鼓励青少年学科学、爱科学的一个非常有意义的教育基地。市长问袁晓林有什么想法。袁晓林听后愣了一下，转过神后，他如实说："这事非同小可，你们要想好了，这可不是闹着玩的。要是做得到，我就告诉家骝三伯，要是做不到，就趁早别说。要是说出去了而做不成，那就不是我们之间瞎侃了，那可是开的国际玩笑啊！"市长笑着说："袁主席，你咋这样说话呀？这是市委书记办公会议认真研究定下的事，咋能是开玩笑啊？"他随后又说："要不，你去问问书记。"带着相同的疑问，袁晓林又问了市委书记。书记的答复和市长一样。

见市里党政领导都表态决心建馆，而且已着手联系平顶山、郑州工学院两家设计单位竞标规划，袁晓林就按市长要求写信向家骝三伯讲了此事，并明确告知："市长说了，建馆费用120万元人民币由项城财政支付。"

项城市政府也同时给袁家骝发了国际特快专递公函。

袁家骝不久就回信表示赞同和配合，所需资料、展品由他提供。袁家骝在给市长的回信中说："收到您1994年6月16日的国际特快邮递的信，承您代表河南省项城市人民政府表示对家骝和健雄的极高赞誉，和项城市政府拟拨款修建'袁家骝、吴健雄事迹陈列馆'或'袁家骝、吴健雄纪念馆'一事，盛情美意使我们非常的感动，谨在此向您们表示衷心的感谢！并请代向项城市百万人民致意。从您函中的意旨认为：‘筹建此馆以增强项城百万人民群众的自信心和自豪感，而且这是全市人民的共同心愿，其影响深远、意义重大。’我们听了自然不能推却，谨此遵命谦卑地接受这项殊荣。”

217

袁晓林在那段时间的主要任务就是保持与袁家骝的联络与沟通。他回忆说：“得知1995年10月三伯要回江苏太仓的消息，当时已任市委书记的这位市长，决定带上‘袁家骝、吴健雄科技馆’设计效果图前往拜会三伯、征求意见。

218

袁晓林在回忆文章中写道：“时过不久，就听说因为种种原因，‘袁家骝、吴健雄科技馆’工程出了问题。科技馆迟迟未见竣工，怎样向三伯解释呢？每见到三伯，我就难掩尴尬之情。三伯心中自然明白发生了什么。1997年回河南时，老人家很体谅地对我说：‘晓林啊，算了，建不成就建不成吧！’”

219

袁晓林说："三伯母吴健雄的离去，对三伯的打击是非常大的。记得在太仓的悼念活动中，三伯轻抚三伯母骨灰盒，泪流满面，几度泣不成声。"

220

著名科学家谢希德讲："最近从大洋彼岸传来吴健雄因再度中风，于1997年2月16日在纽约不幸逝世的消息，令人悲痛和震惊。本来近年来大家最关心的就是吴健雄的健康。年初从袁家骝先生写来的新年贺信中还得知：'健雄目前在家中活动自由，出外当需人陪伴照顾，阅读书报仍有困难（双眼患有白内障亦是因素之一），饮食一切都很正常，并已装备Pacemaker维持心脏跳动规律。血糖血压亦服药维持正常，平常极少外出，多在家休息。亲朋好友时常来家中帮助健雄，使她能安心疗养，逐渐恢复。'"

221

1997年经河南省人民政府批准，袁家骝受聘为河南科学院名誉顾问。河南省人民政府副省长秦科才、省侨办主任林雪梅等有关单位的负责人参加了聘请仪式。

222

袁家骝来安阳袁林的时候，安阳博物馆社教部主任史军红曾经陪同过他。史军红是个有心人，她把袁家骝在袁林时说的话都记在了一个笔记本上。在接受记者采访时，史军红很快找到那个笔记本。她一边慢慢地给我念袁家骝的话，一边描述袁家骝来袁林时的一些情景：“他一踏进门，就显得有些激动：‘还记得，还记得，我13岁才离开彰德，老样子。’最后一次来，袁家骝待了两个小时。这一次我基本上不用给他讲了。那时两个袁世凯生平展室都开了，袁家骝看到祖父的照片，目光很虔诚很激动，他特意在祖父一张身着戎装的照片前留影。”

223

袁家骝走进袁林，激动地说：“我第一次回国，黄华大使问我有什么要求，我要求去看祖父的墓。去国内的其他地方都准，就这个没说准，也没说不准。后来在北京，周恩来接见我们，他问，听说你们要去安阳看看，好，那么你们就去吧。1973年，我第一次来这里。第二次来，是何竹康省长陪的，当时好像石人石马都恢复了……”

在袁林门口，当年为袁林看守坟墓和耕作十顷祭田的几户老农亲切地为袁家骝讲述那时候的故事，袁家骝都一一谢过。当年的养寿园，如今只剩下不到十分之一的面积了。袁家骝徜徉之上，指点着默默地被废弃在一旁的石碾子。

224

1999年，东南大学着手进行吴健雄纪念馆的设计工作。东南大学建筑系、东南大学建筑设计院先后做了7套设计方案，呈报袁家骝。2000年7月中旬，袁家骝等人访问东南大学，就纪念馆的选址、设计方案及相关问题，与该校领导及设计人员多次会谈，最后选定了设计方案，并确定建在东南大学大礼堂西南侧。

2000年9月27日，“吴健雄纪念馆新闻发布会暨吴健雄纪念物交接仪式”在美国纽约亚洲文化中心举行。中国驻纽约总领馆总领事张宏喜代表江苏省人民政府向袁家骝颁发了捐赠证书，袁家骝和东南大学副校长签署了纪念物交接文件。2002年2月由美国哥伦比亚大学捐赠的吴健雄第二批遗物运抵南京，这批遗物包括吴健雄办公室存放的手稿和信函等，共计88箱。

225

世界著名物理学家普遍认为，20世纪最具代表性、在科学上最具贡献的女性物理学家是：20世纪初的法国人居里夫人、20世纪30年代的犹太人麦特勒、20世纪50年代的中国人吴健雄。杨振宁认为，居里夫人和吴健雄的贡献要比麦特勒大一些。李政道认为居里夫人在科学上贡献最少，原因是在新理论的发展上，居里夫人比起麦特勒的核分裂、以及吴健雄的宇称不守恒和弱相互作用，都要逊色一些。

226

北京协和医院特别护理张涛在袁家骝住院期间担任护理工作，护理袁家骝500多个日夜，她讲："袁先生保持着西方的饮食习惯，每天喝牛奶、喝咖啡。咖啡一定要非速溶的，为此我学会了磨咖啡豆，煮咖啡。另外，每天喝一点红酒也是袁先生保持了一辈子的习惯。

"他待人和蔼可亲。常教我们学英语，喝水的时候就问喝水英语怎么说？每天的散步时间，他会与病区的病友们攀谈，大家都喜欢与他交流，称他袁老。

"袁先生很节俭。有时饭剩了，先生总是不让倒掉，要下顿热了再吃。他几乎没有什么新衣服，他的袜子、内衣、棉毛裤上都有他自己缝制的粗糙的补丁。听他孩子说，袁先生一向如此，在他美国的住所，贴满了‘出门关灯’、‘节约用水’等纸条。

“他爱听京剧，每天早、中、晚都要看电视戏曲节目，兴致好时还会跟着哼几句，或大声叫好。

“他非常关心别人，看到电视中播出贫困山区的孩子上学生活都很困难，立刻说，赶紧联系一下，帮帮他们。他和夫人吴健雄已经为家乡教育事业捐助了500多万元人民币。由于曾患脑梗阻，袁先生远期记忆清楚，近期记忆模糊。对于我的名字‘张涛’，他时而记得，时而忘记。当被问及：‘护理您的这位是谁’时，他总是回答：‘她是我最亲的亲人。’

“好像是越走近生命尽头，袁先生越思念已故爱妻吴健雄。有时，他因病痛不思茶饭，我劝他‘再吃点吧，不吃会饿的。’他的回答竟然是：‘我不饿，健雄饿。健雄哪去了？’”

227

袁家骝是一个嗜书如命的人。据医护人员介绍，他住院期间仍非常喜欢看书。一次，他看书时被护士发现了，好心的护士阻止他时，他因为不能畅快地看书发了脾气，将书扔到了地上。

228

长期工作在袁家骝身边的工作人员透露，他生前有4个心愿都与夫人有关。他特别关注吴健雄袁家骝科学讲座基金会和吴仲裔奖学金基金会，因为他对这两个基金会付出了很大心血，他一生非常节俭，他把所有的积蓄都花费在了两个基金会里。他每年都要请国际著名科学家包括诺贝尔获得者来中国讲座，躺在病床上时，他仍念念不忘今年该请哪位科学家前来演讲。另外，他一直惦记着南京的吴健雄纪念馆，他把一生的研究、书籍、论文都陈列在里面，希望这些物理资料能给国内年轻的科学家带来帮助。

229

袁家骝病危之时的情况，袁晓林是这样回忆的："2003年刚过完春节，突接张老师急电：'晓林，快来吧，你三伯危险了！'我心里咯噔一下，急忙调转车头匆匆返回北京。此时，三伯已因心肌大面积梗死而被送进重症监护室抢救。

此时，伟承尚在美国。三伯吉凶未卜，大家的心情非常沉闷。

死神还是悄悄降临了。

2003年2月11日13时27分，我和袁克定的长孙袁萌临、远房祖父袁克普、三伯母侄儿吴雅等被叫到重症监护室，为刚刚辞世的三伯整理衣着。整理遗物时，我们意外地发现了家骝三伯亲笔书写的‘袁家骝生平简介’。看来老人家对自己的后事早已有了心理准备。”

230

在对自己兄嫂的追忆中，袁家偶感动不已：“说出来都没人信，哥哥从来没有给过我们任何一个人一分钱，他说不能让我们产生依赖。哥哥用200万美元成立的袁家骝基金会，用来聘请世界著名的科学家来中国讲学，促进中美两国学者互访。”袁家偶说：“讲了这些，我的心里又要波动三天，家骝和健雄，他们把学识、才华、财产，最后把骨灰都留在了祖国。”

231

坐落在江苏省苏州市太仓浏河镇明德高级中学内的“吴健雄墓园”，由袁家骝监制而成，为圆柱大理石墓穴，由台湾《中国时报》主笔江才健题写吴健雄墓志铭，他们的儿子袁伟承博士题写了袁家骝墓志铭。

232

吴健雄墓园设计顾问由著名建筑设计师贝聿铭担任，袁家骝捐赠25万美元作为基建费。他表示，他是浏河的女婿，浏河是他的第二故乡。

233

吴健雄的好朋友、诺贝尔奖获得者李政道，1997年撰写了《厚德载物　积健为雄——深切悼念杰出的物理学家吴健雄先生》一文，文中写道："1997年2月16日，杰出的物理学家吴健雄教授逝世了！噩耗传来，使我悲痛不已！她是本世纪最杰出的物理学家之一，她在实验物理学研究上取得的伟大成就，对当前物理学的发展起了极重要的作用。我作为曾与她长期合作共事的同道，悲痛难以抑制。半个多世纪的如烟往事，历历在目。健雄的音容笑貌、崇高人格和过人的智慧胆识以及她在物理学研究上的伟大贡献时时浮现在眼前，我禁不住要提笔把这些永不磨灭的记忆写下来。"

234

2004年4月5日，袁家骝骨灰，与夫人吴健雄合葬于江苏太仓县浏河镇。这一天是袁家骝92岁的诞辰纪念日。儿子袁伟承动情地说："今天圆了我父亲生前的梦，与母亲永远在一起。"

魂兮归来

——科学伉俪留给人们的思考

袁家骝的祖父袁世凯是中华民国第一任大总统，其父袁克文是“民国四公子”之一。这个特殊的家世，因为近百年政治变迁的缘故，给袁家骝带来了很大的灾难。可以说，他没有享受过祖父所带来的多少荣光，而经受的大多是坎坷，他去美国留学时的生活情景，比一般家庭的子弟的境遇还要凄惨。这一点，正好印证了袁世凯临终时遗言中排在第一位的训言的无量价值，他告诫子孙们：不准再从政当官了。

官场是个场，它像磁场一样，具有极大的吸引力，学而优则仕的中国历史传统，更使人们向往官场仕途，而一旦进入这个磁场，你就失去了自我。因为政治斗争，便是你死我活，袁世凯到最后才明白这一点。他被官场耍了，他被自己的儿子“太子”袁克定欺骗了，官场让这个欺骗，真是骗到了家。袁克定的太子梦未能实现，到最后在袁氏家族中，也成了孤家寡人。而袁家骝的父亲袁克文，也因反对这出闹剧而被排挤出来，开始玩世不恭，成了花花公子，40岁左右便贫困交加，郁郁寡欢而死。

袁家骝汲取了祖父、父亲的人生教训，再未涉足官场，而一生钻研科学；再未生活、工作在中国这个官本位浓厚的国土，而是生活、工作在美国科研条件和生活环境俱佳的高等学府，所以，他才能在青年之时、以及此后一生，躲开了袁世凯给子孙带来的负面影响，躲开了1949年之后的中国历次政治斗争的灾难，他才获得了科学研究上的成就，才有了袁家骝、吴健雄稳定和谐的生活，以及举世罕见的科学伉俪的传世佳话，才有了大陆和台湾国共两党都欢迎他们回来的故事。

袁家骝超越了政治，践行了祖父的遗嘱，投身于科学，并身在美国，远离了政治是非场，使之赴美留学之后的人生无灾无难。如果他在大陆，他在“文革”中的命运将难以预料，他和吴健雄科学研究的国际化水平，将不可能达到，李政道、杨振宁所获得的诺贝尔奖，也将与他们无缘。他们的同代人，当年从美国回来的科学家，可以说没有谁的科学研究成就，达到被世界科学界所广泛承认的高度，就充分说明了袁家骝、吴健雄在这个方面的人生智慧，是相当高明的。今天，中国的科学家大多是“学而优则仕”，钱学森病危之时，向国家领导人所提出的困惑话题，从反面更加证明了袁家骝、吴健雄科学之路是正确的。钱学森和袁家骝、吴健雄都是非常好的朋友、同学，“钱学森之问”，说明了钱学森到临终之时，还有疑问、还有大问号没有解决。

科学家应远离官场，进了官场，你就很难再成为最杰出的科学家了。一流的科学家，被官场所存在的实际利益这个磁场吸引走了，也就变成了二流、三流了。这样一种官场文化，使科学家的创造力被磨损掉了，使科学精神在官员面前萎靡不振，这个国家自然不会诞生世界级的富有原创能力的领军“科学家”，而诞生的大多是模仿别人已有科学成果的“科技工作者”。纪念袁家骝、吴健雄的意义，正在于此。

袁家骝、吴健雄是真正的爱国者。科学家的科学研究是无国界的，但科学家是有祖国的。他们两人虽身在海外，但他们的心始终在中国。尽管袁家骝的家族因袁世凯的缘故，在新中国成立后都遭到迫害和打击；尽管吴健雄父母的墓地被毁，她的叔叔和弟弟又在“文革”中被迫害致死。但是，他们那种对中华民族的热爱，对一个国家的热爱，却超越了自己的家庭。虽痛苦却没有一直埋怨过去，而是向前看。正是这个原因，他们夫妇将一生积蓄的钱财，未留给子孙和亲戚，而是捐献给了祖国的教育科学事业，其捐赠数量之多，是大陆科学家中罕见的。

袁家骝、吴健雄对祖国的爱，集中反映在他们对故乡、对母校的那份真挚感情，他们将捐赠汇聚在苏州太仓浏河镇的明德学校和东南大学，以尽孝敬父母、孝敬母校之心。最后将吴健雄的骨灰从美国迎回安放在明德学校，回归到父母的怀抱。最理解吴健雄的袁家骝，在夫人去世后的几年内，一直落实好夫人的遗愿，并开始长时间生活在大陆，而不是在美国，最后逝于北京，与夫人合葬于明德学校。叶落归根，魂兮归来，是袁家骝、吴健雄人生最后一次明智的选择。他们将精神留在了父母之邦、故国之乡。灵魂安定了，事业传承了，可以说，袁家骝、吴健雄在每个人生阶段的重点的安排上，在时间节奏的筹划上，都不是一般人的智慧所能达到的。他们的晚年精彩之笔在苏州太仓浏河镇的明德学校“吴健雄墓园”，以及在南京的东南大学所建的“吴健雄纪念馆”。他们此生再无遗憾。

袁家骝、吴健雄夫妇的志同道合，使他们能够相伴一生。这是当代世界物理学界罕见的一对伴侣。这两位具有中国传统文化根基的物理学家，能够携手走过一生，实属不易。因为在中国文化背景下的家庭生活中，是不喜欢女强人这种性格的。而吴健雄恰恰有女强人的特点。

幸运的是，吴健雄遇到了厚道的袁家骝。没有袁家骝的仁爱大度，吴健雄的婚姻生活便不会圆满，她在物理学上超过袁家骝的成功，也难以实现。可以说，正是有了这样一位志同道合、具有博大奉献精神的伴侣，吴健雄才实现了事业与家庭的双丰收。志同道合，正是婚姻爱情持久的真谛。男强女弱式的志同道合，容易实现。而女强男弱式的志同道合，则不易实现。基于这一点，品德更加高尚的，是袁家骝，是他成就了吴健雄。

袁家骝的性格中，有超然的特点，他所经历的世态炎凉、悲欢离合，较之吴健雄更多更甚。这就使袁家骝对人生的体悟更加深刻，从而形成了他往事如烟、一切淡然的性格。他常常以配角的形式，出现在他们夫妇共同出席的重要活动中，并且连骨灰都安放在吴健雄故乡的"吴健雄墓园"中，而不是"袁家骝吴健雄墓园"。他将全家的遗物捐赠给了东南大学的"吴健雄纪念馆"，而不是"袁家骝吴健雄纪念馆"。由此可见袁家骝、吴健雄这对科学伉俪的感情，也由此可见，袁家骝的精神达到了何种超越世俗的境界。

而这恰恰从另一个角度，使我们思考苏州浏河镇明德学校、南京东南大学，是不是需要反思一下，我们做的是否合适？我们是否像周恩来总理那样，从更高的人性角度、从更长远的视角，来理解袁家骝、吴健雄这对科学伉俪，他们是一个整体，我们是否厚此薄彼了？我们是否把这个整体、整个人生割裂开来了？今天纪念袁家骝、吴健雄，我们只着重了科学精神的纪念，强调了物理学家的“物”，而非常缺少从人性这个角度上的纪念，非常缺少从更大的历史观这个视野的纪念，今天的人们只见了“物”，而忘了“人”。

如果苏州太仓浏河镇明德学校的墓园，有一天名符其实地称之为“袁家骝吴健雄墓园”。如果东南大学的纪念馆，有一天更名为“袁家骝吴健雄纪念馆”，吴健雄将会含笑九泉，参与过这项工作的人，将会心安理得。在现代科学界，“科学伉俪”这个理念最为重要，吴健雄一个人多孤独啊！我们称吴健雄为东方的“居里夫人”，那么，中国的“居里”在哪里？中国的“居里”，便是袁家骝。

就中国范围来说，袁家骝是河南的儿子，吴健雄是江苏的女儿。河南似乎忘记了这个儿子，从省级政府到祖籍地周口项城市，再到出生地安阳市，都很少有像样的纪念活动，以弘扬他们夫妇的科学精神和爱国情怀。既然把儿子都忘了，更不在乎儿媳吴健雄了。

而江苏省却没有忘记这个女儿，从省到市、到县、到浏河镇，从东南大学，到一个乡镇中学，都大张旗鼓地纪念吴健雄，并把女婿袁家骝拥入自己的怀抱。由此可见，河南省与江苏省，周口市、安阳市和苏州市，项城市和太仓县以及浏河镇，所存在的观念上和行动上的巨大差异，不言而喻。河南需要反思的是，为什么儿子袁家骝、儿媳吴健雄都跑到“岳父岳母”那里去了？而江苏需要反思的是，只顾疼女儿吴健雄了，而忘了女婿袁家骝这个一家之主了，这样下去，女儿也过不好，也心不安，不要让这对举世罕见的“科学伉俪”分离，“岳父岳母”是否应该懂得这个道理？